D1720081

www.coutinho.nl/schrijfvaardig

Met de code in dit boek heb je 24 maanden toegang tot je online studiemateriaal. Dit materiaal bestaat uit de antwoorden van oefeningen uit het boek, digitale oefeningen, extra grammatica-oefeningen, beoordelingsschema's, nieuwe examens en een toets.

Om je studiemateriaal te activeren heb je onderstaande code nodig.

Ga naar **www.coutinho.nl/schrijfvaardig** klik op 'boek 1' en volg de instructies.

0001-158A-9AD9-C28F-D372

Schrijf Vaardig 1

Methode met grammaticale opbouw voor anderstaligen

Marilene Gathier

uitgeverij
coutinho | C

bussum 2017

© 2012 Uitgeverij Coutinho bv

Alle rechten voorbehouden.

Behoudens de in of krachtens de Auteurswet van 1912 gestelde uitzonderingen mag niets uit deze uitgave worden verveelvoudigd, opgeslagen in een geautomatiseerd gegevensbestand, of openbaar gemaakt, in enige vorm of op enige wijze, hetzij elektronisch, mechanisch, door fotokopieën, opnamen, of op enige andere manier, zonder voorafgaande schriftelijke toestemming van de uitgever.

Voor zover het maken van reprografische verveelvoudigingen uit deze uitgave is toegestaan op grond van artikel 16h Auteurswet 1912 dient men de daarvoor wettelijk verschuldigde vergoedingen te voldoen aan Stichting Reprorecht (Postbus 3051, 2130 KB Hoofddorp, www.reprorecht.nl). Voor het overnemen van (een) gedeelte(n) uit deze uitgave in bloemlezingen, readers en andere compilatiewerken (artikel 16 Auteurswet 1912) kan men zich wenden tot Stichting PRO (Stichting Publicatie- en Reproductierechten Organisatie, Postbus 3060, 2130 KB Hoofddorp, www.stichting-pro.nl).

Eerste druk 2012, derde oplage 2017

Uitgeverij Coutinho
Postbus 333
1400 AH Bussum
info@coutinho.nl
www.coutinho.nl

Omslag: Linda van Putten, Maartensdijk
Foto's binnenwerk: © Shutterstock.com

Noot van de uitgever
Wij hebben alle moeite gedaan om rechthebbenden van copyright te achterhalen. Personen of instanties die aanspraak maken op bepaalde rechten, wordt vriendelijk verzocht contact op te nemen met de uitgever.
De personen op de foto's komen niet in de tekst voor en hebben geen relatie met hetgeen in de tekst wordt beschreven.

ISBN   978 90 469 0273 8
NUR   114

Voorwoord

Schrijf Vaardig is een methode schrijfvaardigheid met een grammaticale opbouw. De methode is geschreven voor hoger opgeleide anderstaligen die Staatsexamen NT2 programma I of II willen doen of een vergelijkbaar schriftelijk taalniveau willen bereiken. De methode kan ook gebruikt worden door volwassen mbo-studenten (bbl) met een anderstalige achtergrond.

Schrijf Vaardig bestaat uit drie delen.

Deel 1 is voor cursisten die naar Staatsexamen programma I of niveau B1 toe willen werken. In dit deel worden grammaticale onderwerpen behandeld.

Deel 2 is geschreven als voorbereiding op beide Staatsexamens en behandelt alle aspecten van schrijfvaardigheid die niet onder grammatica vallen.

Deel 3 is voor cursisten die Staatsexamen programma II willen doen of niveau B2 willen bereiken. In dit deel zijn weer grammaticale onderwerpen te vinden. Daarnaast bevat deel 3 onderwerpen die naar Meijerink 3F toewerken (zie voor meer informatie de inleiding voor docenten).

In een overzicht:

	Vanaf A2 naar niveau B1 / Staatsexamen I / examen Nederlands mbo niveau 3	Vanaf B1 naar niveau B2 / Staatsexamen II / Meijerink 3F / examen Nederlands mbo niveau 4
Deel 1	Grammatica, de basis	
Deel 2	Overige aspecten van schrijfvaardigheid	Overige aspecten van schrijfvaardigheid
Deel 3		Grammatica, het vervolg / Meijerink 3F

Schrijf Vaardig is veel meer dan een examentrainer, waarin verondersteld wordt dat de kandidaat een vereist taalniveau al beheerst. Cursisten kunnen met **Schrijf Vaardig** vanaf taalniveau A2 al beginnen.

De aanleiding voor het ontwikkelen van deze methode was mijn jarenlange ervaring met cursisten die probeerden Staatsexamen I of II te halen. Hun problemen met schrijfvaardigheid waren grotendeels het gevolg van het niet goed beheersen en kunnen toepassen van grammaticale regels. Voor grammaticale correctheid kunnen cursisten ongeveer een derde van het totale aantal punten krijgen en van alle schrijfproducten (kortere en langere) wordt de grammaticale correctheid beoordeeld.

Waarom een methode alleen gericht op schrijfvaardigheid? In totaalmethodes die toewerken naar Staatsexamen I of II, worden alle vaardigheden wel aangeboden, maar voor veel cursisten wordt er aan schrijfvaardigheid niet gestructureerd genoeg gewerkt. Andere cursisten, zeker hoger opgeleiden die het Nederlands al op hun werk of in sociale contacten gebruiken, hebben zich de mondelinge vaardigheden voor een groot deel al eigen gemaakt, en lezen kunnen ze ook zelf trainen. Maar voor schrijfvaardigheid zijn een gerichte opbouw en feedback nodig. Cursisten die tot deze doelgroep horen, zijn geholpen met **Schrijf** Vaardig en een goede docent.

In het begin van de ontwikkelfase is de opzet van de methode met proefhoofdstukken door zes deskundigen beoordeeld. Hun aanbevelingen heb ik zo veel mogelijk verwerkt. Waar ze elkaar tegenspraken (sommigen vonden bijvoorbeeld dat er te veel theorie was, anderen te weinig), heb ik in overleg met de uitgever een middenweg gezocht.

Schrijf Vaardig is, zoals alle door mij geschreven lesmethodes, helemaal in de lespraktijk ontwikkeld. In totaal hebben ongeveer vijftig cursisten delen van de methode doorlopen. Alle oefenstof is uitgeprobeerd in verschillende staatsexamengroepen bij Zadkine Educatie (door mijzelf en enkele collega's) en, na mijn vertrek daar, in lesgroepen van mijn eigen taalbureau, De Taalvraag (**www. detaalvraag.nl**). Daar geef ik nog steeds een aparte cursus Schrijfvaardigheid, waarin cursisten met veel enthousiasme met de methode werken. Iedereen die bij de Taalvraag met de proefversie van **Schrijf** Vaardig gewerkt heeft, wil ik hartelijk bedanken voor alle kritische opmerkingen en vragen. Ik wil met name de volgende cursisten hier noemen: Iveth Aguilar Vazquez, Edmunda Čepytė, Nadeem Ahmed Chowdry, Akiko Fujii, Nijolė Gardauskienė, Edita Kerevičienė, Anzhelika Kholod, Judith Maurio Meza, Paramee Traithip en Catia Pereira Nandingna Boer.

> *Nieuwe woorden leren is niet genoeg, je moet weten hoe je ze kan gebruiken op de juiste manier. Dat betreft niet alleen je spreektaal, maar ook je schrijftaal, die nog moeilijker is. Daarom is het belangrijk veel te oefenen: alleen maar schrijven, vragen stellen en duidelijke antwoorden krijgen. En die krijg je, als je* **Schrijf** Vaardig *doorwerkt. Een examen te halen is niet wat je echt wilt bereiken met al je inspanningen – met je schrijftaal toon je werkelijk wie je bent.*
>
> *Edmunda Čepytė, afgestudeerd als docent van de Litouwse taal en literatuur aan de universiteit van Vilnius en deelnemer aan de cursus Schrijfvaardigheid bij De Taalvraag.*

Marilene Gathier, De Taalvraag
Nieuwegein, voorjaar 2012

Webondersteuning

www.coutinho.nl/schrijfvaardig

Bij dit boek hoort een website met extra materiaal. Hierop vind je digitale versies van een aantal oefeningen uit het boek. Ook de antwoorden (sleutels) van veel oefeningen uit het boek staan op de website. Daarnaast vind je er een toets en extra opdrachten om met de grammaticale termen te oefenen.
Voor docenten is er een docentenhandleiding beschikbaar, waarin ook toetsen bij elk hoofdstuk zijn opgenomen.

Ga naar **www.coutinho.nl/schrijfvaardig** en klik op 'boek 1'. Maak een Coutinho-account aan en typ vervolgens de unieke code in (deze staat op blz. 2). Met deze code krijg je 24 maanden exclusieve toegang tot het extra materiaal.

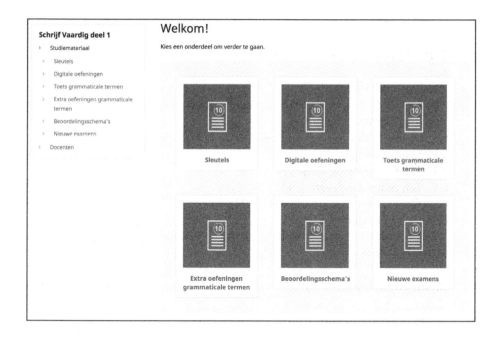

Inhoudsopgave

Inleiding voor cursisten

In de methode **Schrijf** Vaardig werk je systematisch aan de opbouw van je schriftelijke taalvaardigheid. Je leert een brief, een e-mail, of een andere tekst te maken met
zo weinig mogelijk fouten.

Ik geef zelf al ruim 25 jaar les aan anderstalige cursisten. Veel van hen konden de
grammaticale regels eerst niet goed gebruiken. Dit komt doordat je in een totaalme-
thode (een methode met alle vaardigheden) meestal niet genoeg oefent met schrijfvaardigheid en grammatica.
Bij alle schrijfproducten op het Staatsexamen krijg je punten voor grammaticale correctheid. In totaal is dat ongeveer een derde van al je punten. Als je systematisch aan
grammatica en andere onderdelen van schrijfvaardigheid werkt, heeft dat resultaat:
90% van mijn cursisten slaagt in één keer voor schrijfvaardigheid en 97% na één of
twee keer examen doen.
Met **Schrijf** Vaardig kun je je goed voorbereiden op de Staatsexamens. In de boeken
vind je voorbeeldopdrachten en oefeningen met fouten van andere cursisten. Maar
Schrijf Vaardig is meer dan een examentrainer, waarbij je het niveau van het examen
al moet hebben. Met **Schrijf** Vaardig werk je gericht aan de opbouw van je taalvaardigheid.

Schrijf Vaardig heeft drie delen:

Deel 1 heb je nodig als je taalniveau A2 hebt. Je wilt Staatsexamen I of niveau B1
halen voor schrijfvaardigheid. Of je wilt mbo-examen Nederlands voor niveau 3
doen. In dit deel oefen je met grammaticale onderwerpen. Bijvoorbeeld: woordvolgorde, ontkenningen (*niet* en *geen*), werkwoordstijden, verwijswoorden (*ze*,
hij, *er*, enzovoort) en verbindingswoorden (*omdat*, *hoewel*, *toen*, enzovoort).
Deel 2 is voor cursisten tussen taalniveau A2 en B2. In dit deel vind je andere onderwerpen dan grammatica: adequaatheid (Is de inhoud begrijpelijk?), woordgebruik, samenhang en opbouw (de relatie tussen delen van je tekst), tabellen en
grafieken, en spelling. Dit alles heb je nodig voor Staatsexamen I en Staatsexamen II, voor het onderdeel schrijfvaardigheid, of voor het mbo-examen Nederlands voor niveau 3 en 4.
Deel 3 heb je nodig als je Staatsexamen II (schrijfvaardigheid) wilt doen of niveau B2
wilt bereiken, of als je mbo-examen Nederlands niveau 4 wilt doen. In dit deel
vind je weer grammaticale onderwerpen; het is een herhaling en uitbreiding
van de grammatica van deel 1. Ook vind je in dit deel onderwerpen die naar

Meijerink niveau 3F toewerken (de niveaus van Meijerink zijn nieuwe taal-
niveaus). Voorbeelden hiervan zijn briefconventies (*Hoogachtend* of *Groetjes*?) en
aantekeningen maken.

In een overzicht:

	Vanaf A2 naar niveau B1 / Staatsexamen I / examen Nederlands mbo niveau 3	Vanaf B1 naar niveau B2 / Staatsexamen II / Meijerink 3F / examen Nederlands mbo niveau 4
Deel 1	Grammatica, de basis	
Deel 2	Overige aspecten van schrijfvaardigheid	Overige aspecten van schrijfvaardigheid
Deel 3		Grammatica, het vervolg / Meijerink 3F

Als je vanaf niveau A2 naar Staatsexamen II wilt werken, heb je dus alle drie delen
nodig.

In elk hoofdstuk vind je theorie en oefeningen, eerst gesloten oefeningen (je kunt
dan uit antwoorden kiezen) en daarna open oefeningen (je moet de regels dan zelf
gebruiken).
In **Schrijf** Vaardig leer je ook te werken met correctiecodes. Je leert je eigen fouten
te verbeteren. Dit heeft veel meer resultaat dan als de docent je fouten meteen verbetert. (Dat blijkt uit onderzoek.)
Aan het begin van het boek krijg je informatie over de correctiecodes en de soorten
oefeningen. Achter in het boek vind je een overzicht van grammaticale termen (internationale en Nederlandse termen).

De methode is bedoeld voor hoger opgeleide anderstaligen: je moet een middelbare-
school- of beroepsopleiding in eigen land gedaan hebben. Ook heb je taalniveau A2
nodig om de teksten te kunnen begrijpen. Wel krijg je bijna alle grammatica vanaf de
basis aangeboden.
Je kunt met een dagdeel les en een paar uur huiswerk per week alle drie de delen van
Schrijf Vaardig in een jaar doorwerken. Je kunt dat in een cursus doen, maar ook alleen. Je hebt dan wel iemand nodig die je schrijfproducten kan controleren.

Bij **Schrijf** Vaardig hoort ook een website. Hier vind je sleutels en toetsen. Ook kun
je er veel oefeningen digitaal doen. Voor de website heb je een persoonlijke toegangscode nodig, deze vind je op bladzijde 2 van de boeken.

Veel plezier met je lessen schrijfvaardigheid!

Inleiding voor docenten

De inhoud van Schrijf Vaardig

Schrijf Vaardig bestaat uit drie delen:

Deel 1 is voor cursisten die vanaf niveau A2 naar Staatsexamen I of niveau B1 toe willen werken. In dit deel worden grammaticale onderwerpen behandeld.

Deel 2 is voor cursisten tussen taalniveau A2 en B2 en behandelt alle aspecten van schrijfvaardigheid die niet onder grammatica vallen, zowel voor Staatsexamen I als Staatsexamen II.

Deel 3 is voor cursisten die Staatsexamen II willen doen of niveau B2 willen bereiken. In dit deel zijn weer grammaticale onderwerpen te vinden. Daarnaast bevat deel 3 onderwerpen die naar Meijerink niveau 3F toewerken.

Cursisten kunnen dus kiezen voor deel 1 en deel 2, of deel 2 en deel 3. Cursisten die vanaf A2 naar Staatsexamen II toe willen werken, hebben de stof uit alle drie de delen nodig.

De verschillende niveaus in een overzicht:

Europees Referentie-kader (ERK)	Examen NT2	Vergelijkbaar met Meijerink	Examen Nederlands mbo vanaf 2014
A2	Inburgeringsexamen Nieuwkomers	1F	
B1	Staatsexamen I	2F	Niveau 3
B2	Staatsexamen II	3F	Niveau 4

In het volgende schema is aangegeven hoe de verschillende delen van **Schrijf Vaardig** zich verhouden tot deze niveaus. (De gearceerde delen zijn in principe bedoeld voor deze niveaus. Eventueel kan aanvulling op een later moment wenselijk zijn.)

	Vanaf A2 naar niveau B1 / Staatsexamen I	Vanaf B1 naar niveau B2 / Staatsexamen II / Meijerink 3F
Deel 1	Grammatica, de basis	Via toetsen op de website: hiaten opsporen in de basis *De aanschaf van deel 1 kan wenselijk zijn.*
Deel 2	Overige aspecten van schrijfvaardigheid	Overige aspecten van schrijfvaardigheid
Deel 3	Eventuele aanvulling van Meijerink *De aanschaf van deel 3 kan wenselijk zijn.*	Grammatica, het vervolg Meijerink 3F

De inhoud van de drie delen toegelicht

Deel 1

In deel 1 wordt aan docenten en cursisten eerst geleerd om te werken met correctiecodes: cursisten leren hun eigen fouten te verbeteren. In het artikel 'De rode pen werkt' door Catherine van Beuningen (promovenda aan de UvA) in het vakblad *Les* (Van Beuningen, 2011) blijkt nog eens uit onderzoek hoe efficiënt het werken met correctiecodes voor de schrijfvaardigheid van tweedetaalleerders is.

Na de introductie van de correctiecodes wordt de basis voor de woordvolgorde gelegd. Dit wordt al in hoofdstuk 1 gedaan, omdat de woordvolgorde steeds terugkomt in de hoofdstukken die volgen. Op deze manier kan gedurende de hele cursus terugverwezen worden naar het eerste hoofdstuk. Daarnaast is het belangrijk de woordvolgorde goed uit te leggen, omdat fouten hierin tot de meest gemaakte fouten onder anderstaligen behoren.

Vervolgens worden de andere aspecten van grammaticale correctheid aangeboden die tot fouten in de schrijfvaardigheid kunnen leiden op niveau B1, zoals verwijswoorden, ontkenningen (*niet* en *geen*) en werkwoordstijden.

Deel 2

Naast het kunnen toepassen van de grammaticale regels worden er bij beide Staatsexamens ook andere aspecten beoordeeld. Deze worden in deel 2 behandeld. Dit deel is geschreven als voorbereiding op zowel Staatsexamen I als Staatsexamen II. Het begint met een herhaling van de correctiecodes (zie deel 1). Vervolgens komt het aspect adequaatheid aan bod, gevolgd door woordgebruik en daarna samenhang en opbouw. (Opbouw wordt weliswaar alleen in Staatsexamen II beoordeeld, maar hangt nauw samen met samenhang. Daarnaast verbetert een goede opbouw ook de adequaatheid van een tekst.) Hierna volgt een hoofdstuk dat geheel gewijd is aan tabellen, diagrammen en grafieken, omdat deze voor veel cursisten een struikelblok blijken te zijn. Als laatste aspect van schrijfvaardigheid bevat dit deel een hoofdstuk over spelling.

Aan het eind van dit tweede deel kan de cursist oefenen met voorbeeldopgaven, waarin hij* leert de verschillende criteria toe te passen. In eerste instantie op het niveau van Staatsexamen I, maar de oefeningen zijn zeker ook leerzaam voor degenen die verder willen naar Staatsexamen II, omdat daarin naast opbouw verder dezelfde aspecten worden beoordeeld. Na deze oefeningen volgt een hoofdstuk waarin de cursisten eerder gemaakte fouten van andere cursisten moeten verbeteren.

Deel 3

Deel 3 begint, net als deel 2, met een herhaling van de correctiecodes. Nu wordt deze herhaling echter gecombineerd met een schrijfopdracht op een hoger niveau.
De eerste hoofdstukken bieden verbreding en verdieping van de grammaticale onderwerpen die eerder voor Staatsexamen I zijn aangeboden, zodat cursisten die Staatsexamen II willen doen goed beslagen ten ijs komen. Hierna volgen voorbeeldopgaven en foutenanalyses op dit niveau.
In de laatste hoofdstukken komen een aantal aspecten van Meijerink aan bod die niet eerder in de methode waren opgenomen. Deze aspecten worden (nog) niet beoordeeld op de Staatsexamens NT2. Het gaat om briefconventies, formulieren invullen, aantekeningen maken, advertenties schrijven en de leesbaarheid van een schrijfproduct. Onder de kop 'Verantwoording van de inhoud' licht ik deze aanvulling toe.

Schrijf Vaardig heeft een ondersteunende website. Om deze te kunnen bezoeken is een persoonlijke toegangscode nodig, deze vind je op pagina 2 van de boeken.
De website bevat de volgende onderdelen:

Voor cursisten

1 extra oefeningen en een toets waarmee cursisten de grammaticale termen kunnen oefenen;
2 sleutels bij elk hoofdstuk;
3 digitale versies van de meeste gesloten oefeningen uit de boeken, zodat de cursist ook via de website kan oefenen;
4 geluidsfragmenten bij een aantal oefeningen uit deel 2 en 3.

Voor docenten

- een beknopte handleiding voor docenten, waarin ook toetsen bij elk hoofdstuk zijn opgenomen (behalve bij de voorbeeldopgaven, foutenanalyses en hoofdstukken met betrekking tot Meijerink).

---

* Overal waar alleen de mannelijke vorm gebruikt wordt, zoals 'hij' en 'de cursist', wordt uiteraard ook de vrouwelijke vorm bedoeld.

Doel, doelgroep en leerlast

De methode **Schrijf** Vaardig heeft, zoals eerder gezegd, in eerste instantie als doel de cursist zo goed mogelijk voor te bereiden op het onderdeel schrijfvaardigheid van Staatsexamen NT2, programma I of II. De cursist die de onderdelen, passend bij zijn einddoel, grotendeels doorgewerkt heeft, kan met de voorbeeldopgaven checken of hij klaar is voor het betreffende examen (onderdeel schrijfvaardigheid). De methode is daarnaast bedoeld voor cursisten die geen Staatsexamen NT2 willen doen, maar wel hun schrijfvaardigheid in het Nederlands gedegen willen opbouwen. Ook volwassen mbo-studenten (bbl) op niveau 3 of 4 kunnen profijt hebben van het werken met **Schrijf** Vaardig, zeker degenen met een anderstalige achtergrond.

Als instapniveau van deel 1 wordt verwacht dat de cursist de schriftelijke vaardigheden op taalniveau A2 van het Europees Referentiekader (ERK), of niveau 1F van Meijerink beheerst. Omdat ook bij het beheersen van A2 vaak veel hiaten in de grammaticale opbouw zitten (onder andere bij cursisten die alleen het inburgeringsexamen hebben gedaan), worden vrijwel alle onderdelen van de grammatica vanaf het begin nog eens aangeboden. De methode is in principe bedoeld voor hoger opgeleide anderstaligen: minimaal vereist is een afgeronde middelbareschool- of beroepsopleiding in eigen land. **Schrijf** Vaardig kan met een groep doorgewerkt worden, als onderdeel van een cursus voor alle vaardigheden of in een aparte schrijf- en grammaticacursus. De methode kan ook grotendeels zelfstandig doorgewerkt worden, als de cursist voldoende vooropleiding heeft en iemand kan raadplegen die zijn schrijfproducten kan voorzien van correctiecodes en de door de cursist verbeterde versie daarna kan corrigeren.

De leerlast is erg afhankelijk van de voorkennis van de cursist en het aantal hoofdstukken dat hij wil of moet doorlopen. Ook kan de hoeveelheid huiswerk per cursus verschillen. Bij elkaar zijn er in de drie delen 31 hoofdstukken. Als je alle hoofdstukken vanaf A2 naar B2 wilt behandelen en een dagdeel per week aan deze methode besteedt, kun je de gehele methode in een cursusjaar doorlopen.

Opbouw binnen de hoofdstukken

Binnen de hoofdstukken is er een vaste opbouw:
1   Een hoofdstuk begint meestal met een klein stukje theorie over de inhoud van het hoofdstuk. Dan volgt een introducerende oefening. Hierin staan de inhoud en betekenis van het (grammaticale) onderdeel centraal (bijvoorbeeld: waarnaar verwijzen de verschillende verwijswoorden) of moet de cursist zelf een regel ontdekken.
2   Daarna wordt de theorie aangeboden in overzichtelijke kaders met voorbeeldzinnen. (Soms slaan we stap 1 over en beginnen we met de theorie.)

3 Vervolgens past de cursist de theorie toe in oefeningen, opgebouwd van receptief naar meer productief.

4 Aan het eind van een hoofdstuk krijgt de cursist een aantal open schrijf-opdrachten waarin hij moet proberen een bepaald geleerd onderdeel toe te passen.

Op de Staatsexamens schrijfvaardigheid moeten cursisten bij de verschijning van deze methode nog schrijven (met pen en papier). Maar vanaf 2013 worden de exa-mens schrijfvaardigheid (in beide programma's) gedigitaliseerd: cursisten kunnen dan een deel van het examen op de computer maken. Dit is veel meer in overeenstem-ming met de werkelijkheid. Na 2013 zal een steeds groter deel van het – en uiteinde-lijk het gehele – schrijfexamen via de computer worden afgenomen. Het verdient dan ook aanbeveling om de open schrijfopdrachten in deze methode digitaal te laten maken.

Binnen de methode wordt gewerkt met pictogrammen bij drie verschillende soorten oefeningen:

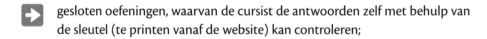 gesloten oefeningen, waarvan de cursist de antwoorden zelf met behulp van de sleutel (te printen vanaf de website) kan controleren;

oefeningen die met een andere cursist gemaakt of nabesproken moeten wor-den;

open schrijfoefeningen, die de docent moet nakijken.

Daarnaast zijn deze pictogrammen gebruikt:

theorie;

digitale versies van gesloten oefeningen, die de cursist op de website kan ma-ken;

oefeningen waarbij een geluidsfragment op de website staat (alleen in deel 2 en deel 3).

Verantwoording van de inhoud

In eerste instantie was het idee ontstaan om alleen voor Staatsexamen I een methode schrijfvaardigheid te ontwikkelen. Vooral de cursisten die dit examen doen, hebben vaak te weinig scholing in een grammaticale opbouw gehad. Maar gaandeweg het ontwikkelen en uitproberen van de proefhoofdstukken bleek dat ook cursisten die voor Staatsexamen II oefenen, veel profijt kunnen hebben van een gedegen opbouw van de grammaticale kennis en andere aspecten van schrijfvaardigheid. Hoezeer het werken hieraan resultaat kan hebben, is gebleken uit de examenresultaten van de cursisten die (een deel van) de proefhoofdstukken hebben doorgewerkt en Staatsexamen I of II hebben gedaan. Van de tien cursisten die tot nu toe examen I schrijfvaardigheid hebben gedaan, zijn er negen in één keer geslaagd (90%), de tiende heeft het niet meer overgedaan. Van de twintig cursisten die examen II hebben gedaan, hebben er achttien het examen schrijfvaardigheid in één keer gehaald (90%), de andere twee slaagden bij de tweede poging. Landelijk slaagde in 2009 bij de eerste poging voor examen I 58% en voor examen II 65% (bron: ITTA, 2010).

Zoals eerder gesteld zijn er drie groepen cursisten:
1 Sommigen hebben deel 1 en deel 2 van de methode nodig (van niveau A2 naar B1, als voorbereiding op Staatsexamen I of mbo-examen niveau 3).
2 Anderen hebben al B1 als ze de methode ontdekken. Zij hebben deel 2 en deel 3 nodig (van niveau B1 naar B2, als voorbereiding op Staatsexamen II of mbo-examen niveau 4). Zo'n cursist – die **Schrijf Vaardig** ontdekt nadat hij al niveau B1 heeft bereikt en door wil naar Staatsexamen II – kan met de toetsen op de website checken bij welke onderwerpen hij nog hiaten heeft, bijvoorbeeld in de spelling of grammaticale kennis. Vervolgens kan hij deze hoofdstukken van deel 1 en/of deel 2 doornemen en daarna met deel 3 beginnen.
3 De derde groep bestaat uit cursisten met niveau A2 die naar examen II willen toewerken. Zij moeten eerst een opbouw maken naar B1 en hebben dus de stof van alle drie de delen nodig. Waarschijnlijk kunnen cursisten in deze groep deel 1 wat sneller doorwerken, vanwege hun hogere vooropleiding.

Naast het ontwikkelen van de oefenstof voor de Staatsexamens heb ik van het rapport van de Commissie Meijerink (2009) het onderdeel schrijven doorgenomen. Een paar onderwerpen hieruit (die nog niet in de methode aan bod waren gekomen) heb ik opgenomen in deel 3. Deze onderdelen worden weliswaar niet beoordeeld in de Staatsexamens NT2, maar wij (auteur en uitgever) vonden het toch belangrijk om ze in de methode te verwerken. De doelen van Meijerink worden namelijk in het hele onderwijs opgenomen en wellicht zullen in de toekomst ook de Staatsexamens hierop worden aangepast. De mbo-examens die vanaf seizoen 2013/2014 worden afgenomen, zijn al afgestemd op de niveaus van Meijerink. Bovendien doet niet iedereen die deze methode doorwerkt Staatsexamen en zijn de doelen van Meijerink wel functioneel. Bijvoorbeeld: het kiezen van de verkeerde briefaanhef (niet beoordeeld bij de Staatsexamens) zou grotere gevolgen kunnen hebben dan het vergeten van een lidwoord in die brief. Alle doelen van schrijven niveau 3F zijn opgenomen, behalve enkele die te ver voerden voor deze methode, zoals het maken van een werkstuk. Omdat 3F parallel loopt met niveau B2 of Staatsexamen II, het einddoel van deel 3, zijn de doelen van dit niveau verwerkt. De doelen van Meijerink zijn aanvullend, daarom is er geen onderscheid meer gemaakt in 2F en 3F.

Achter in de boeken is een lijst met grammaticale termen te vinden die bekend verondersteld worden. De vetgedrukte term is de term die in de methode gehanteerd wordt. De meeste cursisten in de proefgroepen bleken een voorkeur te hebben voor de Latijnse/internationale termen, maar sommige daarvan zijn toch minder gangbaar. Uiteindelijk is bij het kiezen van de Nederlandse of Latijnse/internationale term dezelfde terminologie toegepast als gehanteerd wordt in de ANS (Algemene Nederlandse Spraakkunst, ontwikkeld door de Radboud Universiteit en de Nederlandse Taalunie, zie www.let.ru.nl/ans/e-ans/). Vaak, vooral als een term voor het eerst in een hoofdstuk wordt aangeboden, wordt ook de andere variant nog een keer genoemd. Op de website bij deze methode is een toets te vinden om te kunnen beoordelen in hoeverre de cursist de terminologie beheerst. Mocht het nodig zijn, kan de cursist met oefeningen (ook te vinden op de website) zijn kennis van de termen vergroten.

Bronnen

Beuningen, C. van (2011) De rode pen werkt. In: *Les. Tijdschrift voor het onderwijs aan anderstaligen*, 29 (169). Amsterdam: Uitgeverij Boom.

ITTA (Instituut voor Taalonderzoek en Taalonderwijs Anderstaligen) (2010) *Staatsexamen NT2 op de arbeidsmarkt*, 25. Amsterdam: ITTA.

Commissie Meijerink (2009) *Referentiekader Taal en Rekenen*. Den Haag: Ministerie van Onderwijs, Cultuur en Wetenschap.

Werkwijzer

Theorie staat in een lichtblauw kader. In de balk met het pictogram staat over welk onderwerp het gaat. Lees de theorie eerst goed. Ook als de docent het behandeld heeft, lees je de theorie nog een keer. Beslis dan of alles duidelijk is, voordat je de rest van de oefeningen maakt. Heb je misschien nog vragen voor je docent? Stel deze eerst.

Dan maak je de **oefeningen** die je moet doen. In dit boek vind je verschillende soorten oefeningen. Sommige oefeningen kun je invullen in het boek. Voor andere moet je een schrift gebruiken. Een aantal opdrachten moet je op een apart papier maken. Sla dan bij het schrijven steeds een regel over. Zo is er meer ruimte om de fouten te verbeteren.

Als je de oefening zelf of met een andere cursist kunt controleren, doe je dat.

Op de pagina hiernaast vind je de betekenis van de pictogrammen bij de oefeningen.

8 _____ woning heeft _____ kamer(s) en _____
_____

9 _____ is _____ (wel / niet) tevreden met
_____ woning, omdat _____.

10 _____ wil nog in Nederland blijven zolang _____
_____.

Andere verwijswoorden

Je kunt ook een **bijwoord** (adverbium) gebruiken als verwijswoord, om te verwijzen naar een **plaats** of een **tijd**.
Bijvoorbeeld:

- *Hier* heb ik een foto van vroeger. Mijn hele gezin staat *erop*. We staan voor ons huis. Ik heb *er* gewoond tot ik het huis uit ging. Onze fietsen staan ook op die foto en wij staan *ernaast*. *Daar* staat mijn moeder. Achter op haar fiets zit een kinderzitje. Mijn kleine broertje Tom zit *erin*.
  We gingen die dag dus fietsen. *Toen* vond iedereen een dagje fietsen heel leuk. *Nu* verwachten kinderen meestal meer van een dagje uit. Wij gaan ook weleens een dag fietsen met ons gezin. Maar *dan* willen ze wel een leuke bestemming hebben, zoals een zwembad. *Daar* blijven we dan ook een paar uur.

Let op: voorzetsel + ding > er + voorzetsel (zie ook hoofdstuk 12 – er).
- Zie je de foto? Mijn hele gezin staat *erop*. Mijn ouders staan *er* ook *op*.

Oefening 8

Kies het juiste verwijswoord.

1 _____ heb ik een brief van mijn oma. (hier / daar / deze / die)
2 _____ brief schreef ze voor mijn tiende verjaardag. (hier / daar / deze / die)
3 _____ is dus in de vorige eeuw geschreven. (hier / daar / die / toen)
4 _____ schreven de mensen elkaar nog brieven. (nu / toen / dan)
5 In _____ tijd sturen de mensen bijna geen brieven meer per post. (deze / die)

Website

Op **www.coutinho.nl/schrijfvaardig** vind je:
- de antwoorden van een aantal oefeningen (de sleutel);
- digitale versies van een aantal oefeningen;
- extra oefenmateriaal bij de grammaticale termen.

Voor deze oefening moet je een schrift gebruiken.

woordvolgorde ■ 1

Oefening 18

Maak van twee zinnen één zin. Doe dit steeds op twee manieren.

Bijvoorbeeld:
Mijn vriendin is ziek. / Ik moet mijn vriendin bellen.
Omdat mijn vriendin ziek is, moet ik haar bellen.
Ik moet mijn vriendin bellen, omdat zij ziek is. (..., want zij is ziek.)

1 Mijn zoon mag tv kijken. Zijn huiswerk is klaar.
2 Het regent de hele zondag. Ik verveel me.
3 Mijn schoonvader woont in een verzorgingshuis. Hij is niet zo eenzaam meer.
4 We moeten zo veel huiswerk maken. Ik heb geen tijd meer voor leuke dingen.
5 We hadden de boodschappen gedaan. Ik zette een lekkere pot thee.

Oefening 19

Maak de zinnen af.

1 Als _____
_____, ben ik teleurgesteld.

2 Nadat _____
_____, was ze doodmoe.

3 Toen ik dat nieuws hoorde, _____
_____ .

4 Voordat ik die film ga kijken, _____
_____

5 Als _____,
_____

6 Toen _____,
_____

7 Sinds _____,
_____

8 Zodra _____,
_____

Kijk je antwoorden na met de sleutel (deze vind je op de website).
Je kijkt de oefening na, voordat je de volgende maakt. Begrijp je niet alle fouten, of heb je vragen voor de docent? Kruis die items dan aan.

Schrijfopdracht, laat deze nakijken door je docent (als de antwoorden niet in de sleutel staan). De docent zet correctiecodes in je opdracht. Daarna verbeter je de fouten. Dan kijkt de docent de opdracht nog een keer na.

Maak of bespreek de oefening **met een andere cursist.**

In dit kader vind je **theorie.**

Deze oefening kun je ook digitaal maken **op de website.**

Het **geluidsfragment** dat bij deze oefening hoort, kun je beluisteren op de website.

Bij het **Staatsexamen** mag je een woordenboek gebruiken. Dit kan een tweetalig woordenboek zijn of een Nederlands woordenboek. Je kunt het bijvoorbeeld gebruiken in de volgende situaties:

■ Je weet niet zeker of dit het juiste woord is in je zin.
■ Je twijfelt over de spelling van een woord.
■ Je zoekt een vorm van een werkwoord in het perfectum.

Vanwege de tijd kun je natuurlijk niet te veel opzoeken.

Correctiecodes

Code	Betekenis	Voorbeeld	Goede zin
? (voor de zin of zinnen)	Het is niet duidelijk voor de lezer wat je bedoelt. (niet adequaat)	Ik vond die paarse jas niet zo mooi. ? Daarom heb ik toch de paarse gekocht.	Ik vond die paarse jas niet zo mooi. *Maar ik heb* toch de paarse gekocht. (Of: Ik vond die paarse jas mooi. Daarom heb ik de paarse gekocht.)
V (in de regel)	Je bent een woord of meer woorden vergeten.	Ik heb heleboel fouten.	Ik heb *een* heleboel fouten.
X (voor de zin)	Je hebt een woord te veel geschreven in deze zin.	X Ik wil dat graag te leren.	Ik wil dat graag leren.
⬭	Een woord of zinsdeel staat op de verkeerde plaats.	Ik heb gemaakt de toets.	Ik heb *de toets* gemaakt.
_____ (onder het woord)	Je hebt de verkeerde vorm gebruikt.	Hij lopen naar school. Hij heeft een brief geschrijft.	Hij *loopt* naar school. Hij heeft een brief *geschreven*.
S (boven het woord)	De spelling van het woord is niet goed.	S S Hij antwoord op de vrag.	Hij *antwoordt* op de *vraag*.
W (boven het woord)	Je hebt het verkeerde woord gebruikt.	W Lieve mevrouw De Boer, W Ik heb uw reclame in de krant gelezen.	*Geachte* mevrouw De Boer, Ik heb uw *advertentie* in de krant gelezen.
∿ (onder het woord of zinsdeel)	Verander de hele constructie, zeg het op een andere manier.	Ik ga een poging voor de toets proberen.	Ik ga *de toets doen*. (of: Ik ga *proberen de toets te doen*.)
⟶ (voor het woord of zinsdeel)	Verbeter iets aan de samenhang.	Ik heb geen tijd. ⟶ Ik kom niet. ⟶ Ik kom morgen wel. ⟶ Kunt u het huiswerk doorgeven?	Ik heb vandaag geen tijd *om* naar de les *te* komen, *maar* ik kom morgen wel. Kunt u *dus* het huiswerk doorgeven?

Oefening 1

 Kijk naar de volgende opdracht en het schrijfproduct van een cursist.

Je hebt al twee maanden geen reiskostenvergoeding gehad op je werk, maar je hebt er wel recht op.

- Maak in een brief aan de afdeling Personeelszaken het probleem duidelijk.
- Maak duidelijk dat je bewijzen hebt.
- Vraag om een reactie.

De cursist heeft dit geschreven:

Geagte mevrouw De Jong,

Ik hebt al twee manden gekregen geen rijskostenvergoeding.

Met de post deze brief, want ik heb wel recht op.

Ik sturen uw als het beweis een print van mij loonstrok en een verklaring dat ik heb

recht op. Kunt u mijn te laten weten, wanneer krijg ik weer salaris?

Met friendelijke groetjes,

Hanife Osman

De docent heeft de brief verbeterd met codes.

S
Geagte mevrouw De Jong,

                S   S
Ik <u>hebt</u> al twee manden (gekregen) geen rijskostenvergoeding.

Met de post deze brief, want ik heb⌄wel recht op.
~~~~~~~~~~~~

         S   W   S   V
X Ik <u>sturen</u> <u>uw</u> als het beweis een print van <u>mij</u> loonstrok en een verklaring dat ik⌄(heb)

?X recht op. Kunt u <u>mijn</u> te laten weten, wanneer (krijg) ik weer salaris?

       S   W
Met friendelijke groetjes,

Hanife Osman

Schrijf de brief nu zonder fouten.

Oefening 2

Je kunt niet naar de les komen. Schrijf een mail aan je docent.

- Schrijf in de mail wanneer je niet naar de les kunt komen.
- Schrijf in de mail waarom je niet naar de les kunt komen.
- Bedenk nog een vraag voor je docent.

Denk ook aan een goede aanhef (begin van je mail) en afsluiting (eind van je mail). Je krijgt je opdracht terug met correctiecodes. Verbeter je mail daarna.

1 woordvolgorde

1.1 Onderwerp en persoonsvorm

Onderwerp en persoonsvorm, enkelvoud en meervoud

Elke zin heeft een **onderwerp** (subject).
Een onderwerp is een persoon of ding.
- *Het boek* ligt daar.
- In de vakantie gaan *we* verhuizen.

Naast het onderwerp staat de **persoonsvorm** (finiete verbum).
Dat is het eerste **werkwoord** (verbum) in de zin.
- Het boek *ligt* daar.
- In de vakantie *gaan* we verhuizen.

De zin staat in het **enkelvoud** (singularis) of **meervoud** (pluralis).
Het enkelvoud is voor één persoon of ding.
- Het *boek ligt* daar.
Het meervoud is voor meer personen of dingen.
- De *boeken liggen* daar.

Als het onderwerp in het enkelvoud staat, staat de persoonsvorm ook in het enkelvoud. Als het onderwerp in het meervoud staat, staat de persoonsvorm ook in het meervoud.

| onderwerp enkelvoud | → | persoonsvorm enkelvoud |
| onderwerp meervoud | → | persoonsvorm meervoud |

Oefening 1

 Omcirkel het onderwerp. Zet een streep onder de persoonsvorm.

1 In het weekend maak ik het huiswerk voor de hele week.
2 Meestal moeten we een paar grammaticaoefeningen maken.
3 De grammatica van het Nederlands is voor een buitenlander moeilijk te leren.
4 Voor mij is de zinsvolgorde het moeilijkst.
5 De persoonsvorm moet ik op de tweede plaats in de zin zetten.
6 Bijvoorbeeld in het Engels is dat heel anders.
7 Daarom vindt een buitenlander de Nederlandse grammatica vaak moeilijk.
8 Mijn docent heeft het wel goed uitgelegd.
9 De theorie begrijp ik ook wel.
10 Maar de praktijk is toch een stuk moeilijker!

 Oefening 2

 De zinnen 1, 5, 7, 8 en 9 van oefening 1 staan in het enkelvoud.
Zet deze zinnen nu in het meervoud.

ik → we; maak → maken; docent → docenten
Bijvoorbeeld:
Ik loop naar school. – *We lopen* naar school.

1.2   De hoofdzin

 Hoofdzinnen en bijzinnen

Er zijn twee soorten zinnen: hoofdzinnen en bijzinnen.
De **hoofdzin** is het belangrijkste, de **bijzin** geeft extra informatie.

hoofdzin	bijzin
Ik *wil* deze lessen *volgen*,	omdat ik mijn schrijfvaardigheid *wil verbeteren*.

De woordvolgorde in de hoofdzin

In de hoofdzin staat de **persoonsvorm** op de tweede plaats in de zin. (Niet in een vraagzin.)
De **andere werkwoorden** kun je achteraan in de zin zetten. Het kan ook anders, maar achteraan is altijd goed.

Er zijn twee manieren.

1 De hoofdzin begint met het onderwerp:

onderwerp	persoonsvorm	rest	werkwoord(en)
We	gaan	in de vakantie naar Friesland	verhuizen.

2 De hoofdzin begint met een ander zinsdeel (**inversie**):

rest	persoonsvorm	onderwerp	rest	werkwoord(en)
In de vakantie	gaan	we	naar Friesland	verhuizen.

De persoonsvorm staat dus steeds op de tweede plaats!

➜ Oefening 3

Zet de woorden in de juiste volgorde. Doe dit steeds op twee manieren.

1 naar Nederland – Lizeth – twee jaar geleden – gekomen – is
2 is – hier – met een Nederlandse man – ze – getrouwd
3 heeft – tijdens een vakantie – ze – haar man – ontmoet
4 op elkaar – werden – Lizeth en haar man – al snel – verliefd
5 Lizeth – moest – voor haar komst naar Nederland – een examen Nederlands – doen
6 niet zo moeilijk – ze – dat examen – vond
7 haar taalniveau – toch – in Nederland – was – nog te laag
8 ze – daarom – volgt – nu – een cursus Nederlands
9 daarna – aan de universiteit – ze – wil – gaan studeren
10 Lizeth – in elk geval – heeft – plannen genoeg – voor de komende jaren

➜ Oefening 4

Vul zelf een goede persoonsvorm in.

Kies een vorm in het presens (onvoltooid tegenwoordige tijd).

1 Mehmet _gaat_ twee avonden per week naar school.
2 Hij _volgt_ een cursus voor het Staatsexamen.
3 Vorig jaar _heeft_ hij inburgeringsexamen gedaan.
4 Overdag _werkt_ hij als postbode.
5 Dat _vindt_ hij wel leuk werk.

6   Hij _____*is*_____ veel buiten voor zijn werk.

7   Toch _____*wil*_____ hij dit werk niet blijven doen.

8   In Turkije _____*heeft*_____ hij voor ingenieur gestudeerd.

9   Dat werk _____*wil*_____ hij ook weer in Nederland gaan doen.

10 Hij _____*heeft*_____ een paar keer gesolliciteerd, maar nog geen baan
    gekregen.

11 Bij de meeste bedrijven _____*zeggen*_____ ze:

12 'Uw Nederlands _____*is*_____ nog niet goed genoeg.'

13 Daarom _____*moet*_____ hij eerst zijn Nederlands verbeteren.

14 Veel buitenlanders _____*hebben*_____ hetzelfde probleem.

15 Ook al _____*heb*_____ je in je eigen land gestudeerd,

16 toch _____*is*_____ het moeilijk om een baan te vinden die bij je niveau
    past.

17 Vaak _____*moet*_____ je op een lager niveau beginnen.

18 Later _____*kunt*_____ je dan misschien promotie maken.

Oefening 5

Maak deze zinnen op de juiste manier af.

1   Mijn docent _____

    _____

2   In dit lokaal _____

    _____

3   Tijdens de les _____

    _____

4   Het huiswerk _____

    _____

5   De cursist naast me _____

    _____

6   Ik wil _____

_____

7   Na deze cursus _____

_____

8   We hebben _____

_____

9   In de vakantie _____

_____

10 Over een jaar _____

_____

Hoofdzinnen met een voegwoord

Met een **voegwoord** (conjunctie) kun je van twee zinnen één zin maken.
Bijvoorbeeld:

■   Ik kan niet naar school. Ik ben ziek. →
■   Ik kan niet naar school, *want* ik ben ziek.

Na de volgende voegwoorden is de woordvolgorde hetzelfde als in een enkele
hoofdzin:

en – maar – of – want – dus

und aber oder denn also

Ze krijgt een telefoontje in de les,

voegwoord	onderwerp	persoonsvorm	rest	werkwoord(en)
want	haar kind	is	plotseling ziek	geworden.
en	niemand	kan	haar kind	ophalen.

Na al deze voegwoorden (*en – maar – of – want – dus*) kan er ook **inversie** komen,
als de 'rest' direct na het voegwoord komt.

Ik weet het huiswerk niet,

voegwoord	rest	persoonsvorm	onderwerp	rest	werkwoord(en)
want	gisteren	ben	ik	niet in de les	geweest.

▶

Ik ben niet in de les geweest,

voegwoord	rest	persoonsvorm	onderwerp	rest	werkwoord(en)
maar	nu	wil	ik	het huiswerk wel	maken.

Let op: de persoonsvorm staat dus na deze voegwoorden (*en – maar – of – want – dus*) op de tweede plaats, zoals in alle hoofdzinnen. Je begint pas na het voegwoord te tellen.

Let op: met het voegwoord *dus* kun je ook inversie krijgen zonder de 'rest' na het voegwoord. *Bijvoorbeeld:*

- Ik ben ziek, *dus* ik kom vandaag niet. (zonder inversie)
- Ik ben ziek, *dus* vandaag kom ik niet. (met inversie, 'rest' direct na het voegwoord)
- Ik ben ziek, *dus* kom ik vandaag niet. (met inversie, zonder 'rest' direct na het voegwoord)

→ **Oefening 6**

 Zet de juiste zinsdelen bij elkaar. Let op de betekenis!

Er komt een nieuwe cursist in de groep. De docent geeft hem eerst een toets om zijn niveau te bepalen.

1 De nieuwe cursist moet een toets doen *en*   a de docent wil zijn niveau weten.

2 De nieuwe cursist moet een toets doen, *maar*   b hij moet ook een formulier invullen.

3 De nieuwe cursist moet een toets doen, *dus*   c hij moet vandaag tijd vrijmaken.

4 De nieuwe cursist moet een toets doen, *want*   d hij heeft daar vandaag geen tijd voor.

5 De nieuwe cursist moet een toets doen, *of*   e hij moet een certificaat van zijn niveau laten zien.

→ **Oefening 7**

 Maak van deze woorden één zin.

Gebruik het juiste voegwoord (*en – maar – want – of – dus*).
Begin met het woord met de hoofdletter.
Bijvoorbeeld:

    Morgen – wat later – ik – kom

    + ik – een afspraak – bij de tandarts – heb

Morgen kom ik wat later, *want* ik heb een afspraak bij de tandarts.

1 Vanavond – naar een verjaardag – moeten – we
  + hebben – we – helemaal – geen zin
2 Zondag – we – in het bos – wandelen – gaan –
  + we – de hele dag – thuis – blijven
3 Zaterdag – moet – huiswerk – maken – ik
  + ook nog – moet – boodschappen – doen – ik
4 Hij – druk – bezig – met sollicitaties – is
  + pas – hij – ontslagen – is
5 Hij – naar de tandarts – morgen – eerst – moet
  + hij – wat later – op zijn werk – komt

 Oefening 8

Maak de zinnen af.

1 Ik volg deze cursus, want _ik het voor mijn studies nodig hes._

2 Ik volg deze cursus, maar _____

3 Ik volg deze cursus en _____

4 Ik volg deze cursus, dus _____

5 Hij is gisteren niet op school geweest, want _____

_____

6 Hij is gisteren niet op school geweest, maar _____

_____

7 Hij is gisteren niet op school geweest, dus _____

_____

8 Haar zoon zit op de basisschool en _____

_____

9 We kunnen eerst het huiswerk bespreken, of _____

_____

10 Je moet kiezen: je blijft in deze groep, of _____

_____

Maak de zinnen af. Let op: soms moet je inversie gebruiken.

1   We gaan zaterdag naar het strand, want _____

_____

2   We gaan zaterdag naar het strand. Daarom _____

_____

3   Het wordt zondag mooi weer. Waarschijnlijk _____

_____

4   Het wordt zondag mooi weer, maar _____

_____

5   Het wordt zondag mooi weer.

Eerst _____

Daarna _____

6   Het wordt zondag mooi weer. Misschien _____

_____

7   Ik bel je morgen wel even, of _____

_____

8   Ik bel je morgen wel even. Dan _____

_____

9   Eerst kwam er een vervelend telefoontje. Toen _____

_____

10 Er kwam een vervelend telefoontje en _____

_____

Vul de informatie in achter de (voeg)woorden.

Mijn buren hebben twee kinderen en een hond.

Mijn buren zelf zijn aardige mensen, want _____

_____

Maar hun kinderen _____

_____

en _____

Hun hond is ook vervelend, want _____

_____

Daarom _____

_____

 Oefening 11

Schrijf twee kaarten.

Kaart 1: deze kaart zie je hieronder. Maak de zinnen af op de lijnen op de kaart.
Kaart 2: vraag een voorbeeldkaart aan je docent of koop een kaart. Schrijf een paar
zinnen, bijvoorbeeld over een vakantie. Stuur de kaart daarna aan een cursist of aan
je docent. Je kunt de zinnen eerst oefenen in je schrift.

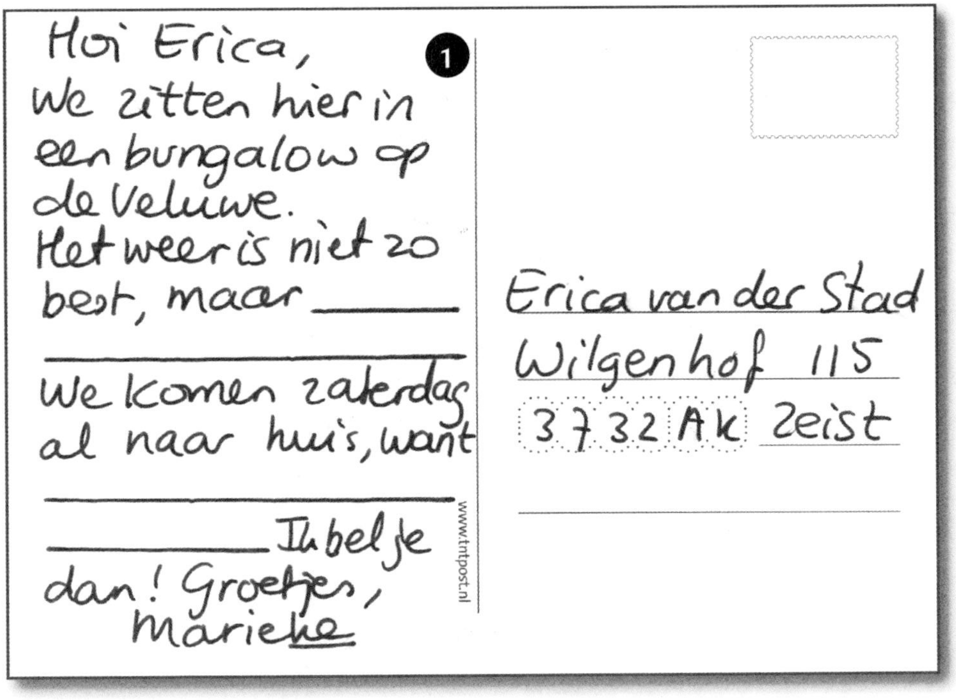

Hoi Erica, ❶
We zitten hier in
een bungalow op
de Veluwe.
Het weer is niet zo
best, maar _____
_____
We komen zaterdag
al naar huis, want
_____
_____ Ik bel je
dan! Groetjes,
Marieke

Erica van der Stad
Wilgenhof 115
3732 AK Zeist

www.tntpost.nl

31

1.3 De hoofdzin als vraagzin

Vraagzinnen

Vraagzinnen kunnen op twee manieren beginnen:
1 met de **persoonsvorm**:
  - *Ga* jij morgen naar school?
2 met een **vraagwoord**:
  - *Wat* ga je morgen doen?

Vraagwoorden zijn:
wie – wat – waar – waarom – welk(e) – wanneer – hoe – hoeveel

Een vraag die met de **persoonsvorm** begint, kun je met 'ja' of 'nee' beantwoorden.
Een vraag die met een **vraagwoord** begint, kun je niet met 'ja' of 'nee' beantwoorden.

Woordvolgorde in de vraagzin

In de vraagzin staat het **onderwerp** achter de **persoonsvorm**:

(vraagwoord)	persoonsvorm	onderwerp	rest	werkwoord(en)
	Hebben	jullie	het huiswerk allemaal	gemaakt?
Waarom	wil	je	haar vandaag niet	bellen?
Wat	moeten	we	zaterdag	doen?

In zinnen met *wie, wat, welk(e)* en *hoeveel* is het vraagwoord soms zelf (deel van) het onderwerp.
Na de persoonsvorm krijg je dan vaak het woordje *er*.

vraagwoord = onderwerp	persoonsvorm	rest	werkwoord(en)
Wie	heeft	*er* net voor mij	gebeld?
Welke cursisten	moeten	(*er*) hun schrijfopdracht nog	inleveren?

→ **Oefening 12**

⚲ **Vul het juiste vraagwoord of de juiste persoonsvorm in.**

	Vraag	Antwoord
1	_Wie_ is de docent van jullie groep?	Hatice.
2	_Waar_ is jullie docent geboren?	In Turkije.
3	_Kan_ ze dan wel goed genoeg Nederlands spreken om docent te zijn?	Ja, zeker wel.
4	_Hoe_ kan dat dan?	Ze is vanaf haar zesde jaar in Nederland.
5	_~~Wat~~ welke_ opleiding heeft ze dan gedaan?	Lerarenopleiding Nederlands.
6	_Is_ jullie docent er nog niet?	Nee, ze staat nog in de file.
7	_Wanneer_ zijn jullie met de cursus begonnen?	Twee maanden geleden.
8	_Hebben_ jullie al een niveautoets gedaan?	Ja, aan het begin van de cursus.
9	_Hoe(veel)_ is je niveau dan?	Ik heb nu niveau A2.
10	_Hoeveel_ huiswerk heb je voor deze cursus?	Elke week heb ik wel een uur of vier werk.
11	_Maakt_ dat niet te veel voor je?	Nee, ik maak het vooral in het weekend.
12	_Waarom_ doe je deze cursus eigenlijk?	Omdat ik verder wil studeren in Nederland.

✎ **Oefening 13**

Maak goede vragen bij de antwoorden.

1 _Eet je vanavond thuis_ ?

Ja, ik kom vanavond thuis eten.

2 _____ ?

Nee, ik vind het huiswerk moeilijk.

3 _____ **?**

Nee, Maria komt uit Chili.

4 _____ **?**

Ja, de docent heeft mij ook gebeld.

5 _____ **?**

Nee, haar kinderen zijn het huis al uit.

6 _____ **?**

Ja, dat vind ik lekker.

7 _____ **?**

Nee, die vind ik niet aardig.

8 _____ **?**

Omdat ik voor het examen wil slagen.

9 _____ **?**

Van 7 uur tot 10 uur.

10 _____ **?**

Op dinsdag hebben we les van Jeanette.

11 _____ **?**

Meestal zijn dat er ongeveer 15.

12 _____ **?**

Hun docent heet Hilly.

13 _____ **?**

O, die zitten in mijn tas.

14 _____ **?**

Die groene appels, graag.

15 _____ **?**

Als de les afgelopen is.

Oefening 14

Schrijf een briefje.

Je moet vandaag naar de les. Je huisgenoot komt thuis als jij al weg bent.
Begin je briefje met een inleidende zin. Vraag je huisgenoot dan drie dingen te doen thuis.
Bijvoorbeeld: Wil jij de vuilnis nog even buiten zetten?

Schrijf dan nog een afsluitende zin.

Lieve _____

_____

_____

_____

_____

_____

Tot vanavond!

_____

 Oefening 15

 Interview een andere cursist.

Maak tien vragen voor hem of haar. Schrijf het antwoord op in een goede zin. Zet dit in de derde persoon (Hij ... of: Zij ...).

Bijvoorbeeld:
Vraag: 1   Waar kom je vandaan?
Antwoord: Zij komt uit Litouwen.

1.4   De bijzin

Woordvolgorde in de bijzin

Een **bijzin** is meestal een deel van een langere zin. Een bijzin hoort bij een hoofdzin.
In een bijzin staan **alle werkwoorden**, dus ook de **persoonsvorm**, achteraan in de zin.

Hoofdzin	Bijzin			
	(voeg)woord	*onderwerp*	*rest*	*werkwoord(en)*
Ik ga naar school,	omdat	ik	het staatsexamen	wil halen.
Hij zegt	dat	hij	morgen wat later	zal komen.
Daar loopt die man	over wie	ik	je	heb verteld.

Let op: de volgorde van de werkwoorden achter in de bijzin kun je variëren:

- Daar loopt die man over wie ik je *heb verteld.*
- Daar loopt die man over wie ik je *verteld heb.*

➡ Oefening 16

Zet de woorden in de bijzin in de juiste volgorde.

Dorian heeft me net gebeld.

1 Ze zei dat
   komt – ze – wat later – naar de les

   _ze wat later naar de les komt_____

2 Ze kan niet op tijd komen, omdat
   ze – eerst – met de dokter – een afspraak – heeft

   _____

   _____

3 Ze zei ook waarom
   ze – echt – die afspraak – hebben – vandaag – wil

   _____

   _____

4 Het is namelijk zo dat
   al een paar nachten – ze – geslapen – slecht – heeft

5 Dat komt doordat

haar baby – uren – steeds – te huilen – ligt

1   3   2   4   5

6 Dat gebeurt steeds nadat

gehad – die baby – een voeding – heeft

3   1   2   4

7 Ze is nu bang dat

heeft – haar kindje – een voedselallergie

3   1   2

8 Ze hoopt dat

goed – de dokter – onderzoeken – haar baby – zal

3   1   5   2   4

9 Nu is het ook nog zo dat

de buren – geklaagd – over het gehuil – hebben

1   3   2   4

10 Dat zijn die buren die

hebben – tot diep in de nacht – een feestje – vaak – zelf

5   4   3   2   1

Oefening 17

Maak nu de zinnen af.

1 De cursist vraagt of _____

2   De docent zegt dat _____

_____

3   Ik hoop dat _____

_____

4   Weet jij wanneer _____

_____

5   Ik geloof dat _____

_____

6   In de krant staat dat _____

_____

7   Weet u waar _____

_____

8   De buurman zei dat _____

_____

9   Heb jij gehoord waarom _____

_____

10 Ik wist niet dat _____

_____

De bijzin vooraan in de zin

Je kunt de zin ook beginnen met een **bijzin**. De **hoofdzin** begint dan met de
persoonsvorm.

Bijzin				Hoofdzin			
(voeg)- woord	onder- werp	rest	werkwoord(en)	persoons- vorm	onder- werp	rest	werk- woord(en)
Als	je	het huiswerk	hebt gemaakt,	kun	je	het zelf	nakijken.
Wat	zij	nu	vertelt,	kan	ik	niet	begrijpen.

Oefening 18

Maak van twee zinnen één zin. Doe dit steeds op twee manieren.

Bijvoorbeeld:

Mijn vriendin is ziek. / Ik moet mijn vriendin bellen.

Omdat mijn vriendin ziek is, moet ik haar bellen.

Ik moet mijn vriendin bellen, omdat zij ziek is. (..., want zij is ziek.)

1 Mijn zoon mag tv kijken. Zijn huiswerk is klaar.
2 Het regent de hele zondag. Ik verveel me.
3 Mijn schoonvader woont in een verzorgingshuis. Hij is niet zo eenzaam meer.
4 We moeten zo veel huiswerk maken. Ik heb geen tijd meer voor leuke dingen.
5 We hadden de boodschappen gedaan. Ik zette een lekkere pot thee.

Oefening 19

Maak de zinnen af.

1 Als _____

_____ , ben ik teleurgesteld.

2 Nadat _____

_____ , was ze doodmoe.

3 Toen ik dat nieuws hoorde, _____

_____

4 Voordat ik die film ga kijken, _____

_____

5 Als _____ ,

_____

6 Toen _____ ,

_____

7 Sinds _____ ,

_____

8 Zodra _____ ,

_____

Oefening 20

Kijk naar de e-mails hierna. Maak de zinnen af.

E-mail 1: Irina nodigt een cursiste van haar vorige lesgroep (Kiymet) uit voor een feestje.

E-mail 2: Ahmet schrijft aan zijn docent Rob dat hij niet naar de les kan komen.

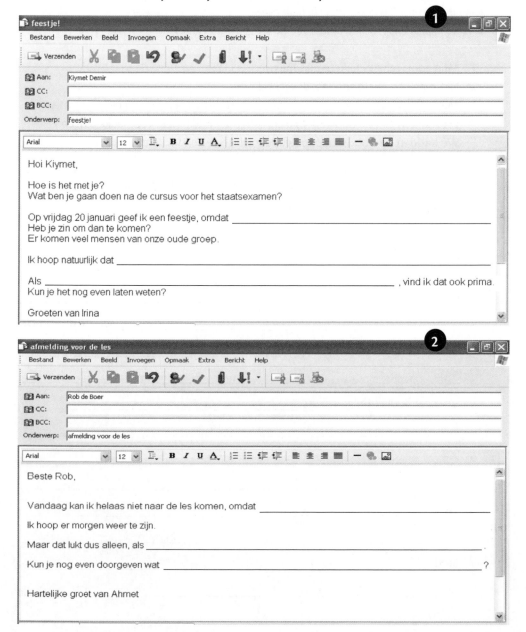

40

2

verwijswoorden

⚙⚙ **Verwijswoorden**

Verwijswoorden kun je gebruiken in plaats van een woord voor een persoon, ding, plaats of tijd.

Met *hij* kun je bijvoorbeeld verwijzen naar een persoon of een ding.

- Waar is Varun?   *Hij* is in de klas. (Je bedoelt: Varun is in de klas.)
- Zie je mijn tas?   Ja, *hij* staat daar. (Je bedoelt: de tas staat daar.)

➡ **Oefening 1**

 Waarnaar verwijzen de cursief gedrukte woorden in het tekstje?

Co-ouderschap

1 Een echtscheiding heeft niet alleen invloed op het leven van een man en vrouw, maar natuurlijk ook op *hun* kinderen, als *die* nog niet volwassen zijn.

2 De ouders moeten dan ook een beslissing nemen over *hun* kinderen: gaan *ze* bij *hun* vader of moeder wonen of is er nog een alternatief voor *deze* moeilijke beslissing?

3 De meeste kinderen blijven nog altijd bij *hun* moeder wonen, maar een kind dat bij *zijn* moeder woont, ziet *zijn* vader meestal alleen in de weekenden en in de vakanties.

4 Tegenwoordig is er nog een andere mogelijkheid in *deze* situatie: het co-ouderschap. *Dat* betekent dat een kind bij allebei *zijn* ouders woont.

5 Bijvoorbeeld: de ene week woont *zo'n* kind bij *zijn* vader en de andere week bij *zijn* moeder.

6 Het kind verhuist dan elke week en heeft bij allebei *zijn* ouders een eigen kamer.

7 Een vriendin van *mij* en *haar* ex hebben zo voor *hun* kinderen gezorgd na *hun* scheiding.

8 Het co-ouderschap vraagt wel om goede afspraken. *Het* is ook een hele organisatie. *Het* wordt ook moeilijk als beide ouders na *hun* scheiding nog vaak ruzie hebben.

9 *Mijn* vrienden hadden *er* tijdens de scheiding goed over gepraat, natuurlijk ook met *hun* kinderen.

10 *Die* vonden *dat* ook de beste oplossing en zijn *er* inmiddels helemaal aan gewend.

zin 1   *hun* verwijst naar _een man en vrouw_

         die verwijst naar _kinderen_

zin 2   *hun* (1e) verwijst naar _de ouders_

         ze verwijst naar _kinderen_

         hun (2e) verwijst naar _vader of moeder kinderen_

         deze verwijst naar _beslissing_

zin 3   *hun* verwijst naar _moeder_

         zijn (2x) verwijst naar _moeder / vader_

zin 4   *deze* verwijst naar _situatie_

         dat verwijst naar _co-ouderschap_

         zijn verwijst naar _ouders ? kind_

zin 5   *zo'n* verwijst naar _kind_

         zijn (2x) verwijst naar _vader moeder kind_

zin 6   *zijn* verwijst naar _moeder ouders kind_

zin 7   *mij* verwijst naar _een vriendin schrijver_

         haar verwijst naar _een vriendin (ex)_

         hun (2x) verwijst naar _een vriendin haar ex_

zin 8   *het* (2x) verwijst naar _co-ouderschap_

         hun verwijst naar _ouders_

zin 9   *mijn* verwijst naar _vriendin_

         er (over) verwijst naar _co-ouderschap_

         hun verwijst naar _vriendin ex_

zin 10   *die* verwijst naar _kinderen_

        dat verwijst naar _co-ouderschap_

        er (aan) verwijst naar _u_

→ Oefening 2

Vul een persoonlijk voornaamwoord in.

Bekijk eerst het schema op blz. 44-45.

1 Laatst reden mijn man en ___ik___ op de snelweg.

2 ___We___ waren bij mijn schoonvader geweest.

3 ___Hij___ woont in een verzorgingshuis en is altijd blij met bezoek.

4 De kinderen zaten achter in de auto. ___Ze___ zaten te lezen.

5 Het was een beetje raar weer: ___Het___ had net geregend, dus de weg was nat.

6 Maar de zon scheen ook en ___ze___ stond erg laag.

7 ___Ze___ scheen ook op de natte weg.

8 ___we___ konden dus niet zo veel zien.

9 Mijn man zat achter het stuur. ___Ik___ zei nog tegen ___hem___: 'Kijk uit voor die laagstaande zon, rij maar wat rustiger.'

10 Op dat moment zagen ___wij___ alle auto's voor ___ons___ hard remmen.

11 Mijn man remde ook, maar ik was niet gerust. ___Ik___ zag al die auto's en dacht:

12 ___Hij___ kan niet op tijd remmen, ___we___ botsen op de auto voor ___ons___.

13 Zonder iets tegen mijn man te zeggen, trok ___ik___ aan de handrem.

14 De auto raakte in een slip en ___hij___ begon te draaien.

15 Toen stond ___he___ stil op de vluchtstrook, met zijn voorkant de verkeerde kant op.

16 Overal om ___on___ heen waren auto's op elkaar gebotst.

17 Maar ___wij___ hadden gelukkig niets.

Het **persoonlijk voornaamwoord** (personaal pronomen) is een woord voor een persoon of ding.
Lees de voorbeeldzinnen met nadruk op het onderstreepte woord:

	Persoonlijk voornaamwoord = onderwerp (met nadruk)	Persoonlijk voornaamwoord = onderwerp (zonder nadruk)	Persoonlijk voornaamwoord = geen onderwerp: als object of na een voorzetsel (met nadruk)	Persoonlijk voornaamwoord = geen onderwerp: als object of na een voorzetsel (zonder nadruk)
1e persoon enkelvoud	*ik* _Ik_ bel Anna.	*ik ('k*)* Ik bel _Anna_.	*mij* Anna belt _mij_. Anna zit naast _mij_.	*me* Anna belt _me_. Anna zit naast _me_.
2e persoon enkelvoud	*jij* Bel _jij_ Anna?	*je* Bel je _Anna_?	*jou* Anna belt _jou_. Anna zit naast _jou_.	*je* Anna belt _je_. Anna zit naast _je_.
2e persoon enkelvoud (met respect)	*u* Belt _u_ Anna?	*u* Belt u _Anna_?	*u* Anna belt _u_. Anna zit naast _u_.	*u* Anna belt _u_. Anna zit naast _u_.
3e persoon enkelvoud (man)	*hij* _Hij_ belt Anna.	*hij (ie*)* Dan belt hij _Anna_.	*hem* Anna belt _hem_. Anna zit naast _hem_.	*hem ('m*)* Anna belt _hem_. Anna zit naast _hem_.
3e persoon enkelvoud (vrouw)	*zij* _Zij_ belt Anna.	*ze* Ze belt _Anna_.	*haar* Anna belt _haar_. Anna zit naast _haar_.	*haar (d'r*)* Anna belt _haar_. Anna zit naast _haar_.

3e persoon enkelvoud (ding; de-woord)	*hij (ie*)* Waar is de sleutel? O, daar ligt *hij*.		*hem ('m*)* Zie je de sleutel? Ja, ik zie *hem*. *er* (met voorzetsel)** Je tas staat *erop*.	
3e persoon enkelvoud (ding; het-woord)	*het ('t*)* Zie jij het boek? Ja, *het* ligt op de tafel.		*het ('t*)* Zie jij het boek? Ja, ik zie *het*. *er* (met voorzetsel)** Het papier ligt *erop*.	
1e persoon meervoud	*wij* *Wij* bellen Anna.	*we* *We* bellen Anna.	*ons* Anna belt *ons*. Anna zit naast *ons*.	
2e persoon meervoud	*jullie* Bellen *jullie* Anna?	*jullie* Bellen *jullie* Anna?	*jullie* Anna belt *jullie*. Anna zit naast *jullie*.	
3e persoon meervoud	*zij* *Zij* bellen Anna.	*ze* *Ze* bellen Anna.	*hen / hun* Anna belt *hen*. Anna geeft *hun* het geld. Anna zit naast *hen*.	*ze* Anna belt *ze*. Anna geeft *ze* het geld. Anna zit naast *ze*.
3e persoon meervoud (dingen)	*ze* (de sleutels) *Ze* liggen op tafel.		*ze* (de sleutels) Ik zie *ze* niet. *er* (met voorzetsel)** Je tas staat *erop*.	

**k, 't, 'm, d'r, ie*: vooral spreektaal. / **er is geen persoonlijk voornaamwoord (zie ook hoofdstuk 12 – *er*)

Het bezittelijk voornaamwoord

Het **bezittelijk voornaamwoord** (possessief pronomen) geeft het bezit van een persoon aan.

Lees de voorbeeldzinnen met nadruk op het <u>onderstreepte</u> woord:

	Met nadruk	Zonder nadruk
1e persoon enkelvoud	*mijn* Daar loopt <u>*mijn*</u> docent.	*mijn (m'n*)* <u>Daar</u> loopt *mijn* docent.
2e persoon enkelvoud	*jouw* Daar loopt <u>*jouw*</u> docent.	*je* <u>Daar</u> loopt *je* docent.
2e persoon enkelvoud (met respect)	*uw* Daar loopt <u>*uw*</u> docent.	*uw* <u>Daar</u> loopt *uw* docent.
3e persoon enkelvoud (man)	*zijn* Daar loopt <u>*zijn*</u> docent.	*zijn (z'n*)* <u>Daar</u> loopt *zijn* docent.
3e persoon enkelvoud (vrouw)	*haar* Daar loopt <u>*haar*</u> docent.	*haar (d'r*)* <u>Daar</u> loopt *haar* docent.
1e persoon meervoud	*ons* (het-woord) / *onze* (de-woord) Daar staat <u>*ons*</u> huis. / Daar loopt <u>*onze*</u> docent.	*ons* (het-woord) / *onze* (de-woord) <u>Daar</u> staat *ons* huis. / <u>Daar</u> loopt *onze* docent.
2e persoon meervoud	*jullie* Daar loopt <u>*jullie*</u> docent.	*jullie / je* <u>Daar</u> loopt *jullie* docent. Pakken <u>jullie</u> je boeken? (bij een andere 'jullie' in de zin)
3e persoon meervoud	*hun* Daar loopt <u>*hun*</u> docent.	*hun* <u>Daar</u> loopt *hun* docent.

* *m'n, z'n, d'r*: vooral spreektaal

Het bezittelijk voornaamwoord kan ook zelfstandig gebruikt worden:

- Gaan we met mijn auto of *de jouwe*? (= jouw auto)
- *De mijne* staat voor de deur. (= mijn auto)

→ **Oefening 3**

🖱 **Kies het juiste voornaamwoord. Let op: soms zijn er meer mogelijkheden.**

Een cursiste schrijft een e-mail aan een klasgenoot:

Hoi Elsa,

1 Even een mailtje van _____je_____ klasgenote Marina. (jij / je / u / uw)

2 Misschien had _____je_____ al gemerkt dat _____jouw_____ boek
   weg was. (jouw / jou / je / jullie)

3 _____Ik_____ heb per ongeluk _____jouw_____ boek in _____mijn_____
   tas gestopt. (jij / jouw / ik / mijn)

4 Ik dacht eerst dat het _____mijn_____ eigen boek was, maar toen zag
   ik dat _____ik_____ twee boeken in _____mijn_____ tas had! (ik / jij / mijn)

5 Het ene boek was wel _____mijn_____ eigen boek, maar het andere is van
   _____jouw_____, want _____je_____ naam staat erin. (mijn / je / jou / jouw)

6 _____jij_____ kunt dus vandaag _____jouw_____ huiswerk niet
   maken. (je / jij / jou / jouw)

7 _____Ik_____ stuur ook wel even een mailtje aan _____onze_____
   docent Erik. (ik / wij / mijn / onze)

8 Dan weet _____hij_____ dat ik _____jouw_____ boek heb
   meegenomen. (hij / zij / mijn / jouw)

9 Nu weet _____je_____ dat het _____mijn_____ fout is. Sorry! (je /
   jou / mijn / jouw)

10 _____Ik_____ zal de oefeningen goed maken, dan kun _____je_____
    morgen met _____mij_____ meekijken. (ik / je / mij / mijn)

Groeten van Marina

→ **Oefening 4**

🖱 **Lees eerst het overzicht:**

neef / nicht 1

mijn *oom*   = de broer van mijn moeder of vader / de man van mijn tante
mijn *tante*   = de zus van mijn moeder of vader / de vrouw van mijn oom

mijn *neef*   = de zoon van mijn oom en tante; in jouw taal (of in het Engels):

_____ cousih _____

mijn *nicht*   = de dochter van mijn oom en tante; in jouw taal (of in het Engels):

_____ cousine _____

neef / nicht 2

mijn *neef*   = de zoon van mijn zus of broer; in jouw taal (of in het Engels):

_____ nette _____

mijn *nicht*   = de dochter van mijn zus of broer; in jouw taal (of in het Engels):

_____ nielite _____

Dus, om te controleren of je het goed begrijpt:

Zijn mijn kinderen en de kinderen van mijn zus ook neven en nichten van elkaar?

ja / nee

Vul een bezittelijk voornaamwoord in.

Marilene vertelt over haar familie:

1 'In het Nederlands zijn er minder woorden voor de familie dan in veel
  andere talen. In _____ onze _____ taal kunnen we verschillende
  personen met dezelfde woorden aanduiden.

2 Zo kunnen we met het woord *neef* verschillende personen bedoelen.
  Bijvoorbeeld: _____ mijn _____ oom en tante hebben een zoon: Thijs.

3 _____ Hun _____ zoon Thijs is _____ mijn _____ neef.

4 _____ mijn _____ neef Thijs heeft nog een zus: Anneke.

5 _____ zijn _____ zus Anneke is _____ mijn _____ nicht.

6 Maar ik heb nog een andere soort neef: _____ mijn _____ zus Catherine
  heeft een zoon.

7 _____ Haar _____ zoon heet Robin.

8 Ik ben dus _____ zijn _____ tante.

9 _____ mijn _____ neef is dus ook de zoon van _____ mijn _____ zus.

10 Ik noem hem " _____ mijn _____ neefje", omdat hij een generatie jonger
   is, ook al is _____ zijn _____ lengte nu 2 meter.

11 Robin is ook een neef van ___mijn___ dochter Marije en zij is dus
___zijn___ nicht.

12 ___Haar___ tante is dus Catherine.'

⚙ Het aanwijzend voornaamwoord

Het **aanwijzend voornaamwoord** (demonstratief pronomen) is een woord om iets
aan te wijzen.

	hier (dichtbij)	daar (ver weg)
de-woord **de docent / de jas / de huizen (meervoud)**	*deze* docent *deze* jas *deze* huizen	*die* docent *die* jas *die* huizen
het-woord **het meisje / het huis**	*dit* meisje *dit* huis	*dat* meisje *dat* huis

In een zin:

■ Ik ga *deze jas* kopen. Ik vind hem mooier dan *die* andere *jas*.

Je kunt een aanwijzend voornaamwoord ook zelfstandig gebruiken:

■ Koop je deze jas of *die*? – Nee, ik vind *deze* mooier.
■ Ik vind dit schilderij mooi, maar *dat* niet.

Soms verwijst het aanwijzend voornaamwoord ook naar een persoon of ding met
nadruk. Het betekent dan: *hij, ze* of *het*.

een de-woord

■ Daar rent <u>de buurman</u> naar de bushalte. *Die* gaat de bus missen.

een het-woord

■ Waar is <u>het woordenboek</u>? *Dat* zit in mijn tas.

meervoud

■ <u>De kinderen</u> gaan zonder jas naar buiten. *Die* krijgen het vast koud.

Je kunt ook verwijzen naar een hele zin:

■ Ze heeft een andere baan. *Dat* heeft ze me gisteren verteld.

Kies het juiste aanwijzend voornaamwoord.

1 Zie je _____dit_____ huis daar? (dit / dat)

2 _____dat_____ is het huis waar mijn opa is opgegroeid. (die / dat)

3 _____Die_____ heeft daar aan het begin van de vorige eeuw gewoond. (die / dit)

4 Hij vertelde _____dat_____ toen we hier eens langs liepen. (die / dat)

5 We liepen toen ook hier, in _____deze_____ straat. (die / deze)

6 Maar _____dat_____ is alweer een jaar of tien geleden. (die / dat)

7 Mijn opa wilde toen gaan zitten op _____dit_____ bankje hier. (dit / dat)

8 Hij zei toen: 'Ik heb hier in _____deze_____ buurt veel gespeeld, met mijn broer Henk. (deze / die)

9 Maar _____die_____ is alweer jaren geleden overleden.' (deze / die / dat)

10 Mijn opa vertelde toen dat hij wel goede herinneringen had aan _____die_____ tijd. (deze / die)

Vul de juiste voornaamwoorden in.

1 Laatst was er een echtpaar tachtig jaar getrouwd en _____dit / dat_____ komt niet vaak voor.

2 Natuurlijk gaat het dan over oude mensen. De man is één jaar ouder dan _____hun_____ vrouw.

3 _____Hij_____ is 103 en _____zij_____ is 102.

4 _____Ze_____ wonen in Amstelveen in een verzorgingshuis.

5 '_____Mijn_____ ouders hebben altijd een heel gelukkig huwelijk gehad', vertelt _____hun_____ dochter van 76.

6 _____Ze_____ vertelt dat de liefde van _____haar_____ ouders in Parijs begon.

7 Na _____hun_____ trouwdag zijn _____ze_____ naar Nederland verhuisd.

8   De dochter vertelt dat ___haar___ moeder in het begin erg aan
    Nederland heeft moeten wennen.

9   ___Zij___ sprak ook de taal niet.

10 'Heimwee naar Frankrijk heeft ___haar___ moeder altijd gehouden

    en ___ze___ heeft ook nooit goed Nederlands geleerd.

11 Thuis spraken ___ze___ ook altijd Frans', vertelt de dochter.

12 ___Zij___ is het enige kind van het echtpaar.

13 _____ hebben inmiddels ook vijf achterkleinkinderen.

14 Tot een paar jaar geleden woonden _____ op zichzelf, maar

    _____ werd steeds moeilijker.

15 Daarom moesten _____ in een verzorgingshuis gaan wonen.

16 Daar hebben _____ wel hun eigen kamer.

17 Een medewerker vertelt: '_____ bedden staan in de twee
    hoeken van de kamer,

18 maar soms schuiven we _____ tegen elkaar aan.

19 Dan kunnen _____ in bed even elkaars hand vasthouden.

20 _____ hopen hier allemaal dat _____ nog lang
    van elkaar kunnen genieten.'

Oefening 7

Schrijf een stukje over je buurman of buurvrouw in de klas.

1   Naast mij zit ___Hanna___.

2   ___Ze___ komt uit ___duitsland___.

3   ___ze___ is nu ___één___ jaar in Nederland.

4   ___Ze___ is naar Nederland gekomen, omdat ___ze in___
    ___Groningen studeeren wil.___

5   ___ze___ woont in de plaats ___Lelangestreet___.

6   ___Ze___ woont daar ___samen met Negal___ (alleen / samen met ...)

7   ___Ze___ woont daar ___in een flat___.
    (in een flat / in een eengezinswoning / ...)

8 _____ woning heeft _____ kamer(s) en _____

_____ .

9 _____ is _____ (wel / niet) tevreden met

_____ woning, omdat _____ .

10 _____ wil nog in Nederland blijven zolang _____

_____ .

Andere verwijswoorden

Je kunt ook een **bijwoord** (adverbium) gebruiken als verwijswoord, om te verwijzen naar een **plaats** of een **tijd**.

Bijvoorbeeld:

Hier heb ik een foto van vroeger. Mijn hele gezin staat *erop*. We staan voor ons huis. Ik heb *er* gewoond tot ik het huis uit ging. Onze fietsen staan ook op die foto en wij staan *ernaast*. *Daar* staat mijn moeder. Achter op haar fiets zit een kinderzitje. Mijn kleine broertje Tom zit *erin*.

We gingen die dag dus fietsen. *Toen* vond iedereen een dagje fietsen heel leuk. *Nu* verwachten kinderen meestal meer van een dagje uit. Wij gaan ook weleens een dag fietsen met ons gezin. Maar *dan* willen ze wel een leuke bestemming hebben, zoals een zwembad. *Daar* blijven we dan ook een paar uur.

Let op: voorzetsel + ding > er + voorzetsel (zie ook hoofdstuk 12 – er).

Zie je de foto? Mijn hele gezin staat *erop*. Mijn ouders staan *er* ook *op*.

Oefening 8

 Kies het juiste verwijswoord.

1 ___Hier___ heb ik een brief van mijn oma. (hier / daar / deze / die)

2 ___Deze___ brief schreef ze voor mijn tiende verjaardag. (hier / daar / deze / die)

3 ___Die___ is dus in de vorige eeuw geschreven. (hier / daar / die / toen)

4 ___Toen___ schreven de mensen elkaar nog brieven. (nu / toen / dan)

5 In ___deze___ tijd sturen de mensen bijna geen brieven meer per post. (deze / die)

6 Op de envelop zit nog een postzegel uit _____*die*_____ tijd. (deze / die / toen)

7 Kijk, de afbeelding van koningin Juliana staat _____*erop*_____. (op het / erop / er / op deze)

8 In de envelop zat nog een foto van mijn oma en opa. _____*die*_____ (die / daar / hij) heeft ze _____*toen*_____ dus meegestuurd in de envelop. (nu / toen / dan)

9 Ze zitten op de bank en hun kat zit _____*ernaast*_____. (ernaast / erop / daar / toen)

10 _____*deze*_____ brief heb ik gisteren op zolder gevonden. (deze / hier / toen)

11 _____ was ik _____ aan het opruimen. (daar / hier / toen / nu)

12 Ik zal _____ ook eens aan mijn moeder laten zien, _____*die*_____ vindt dat vast ook wel leuk. (hem / haar / die / deze)

 Oefening 9

Schrijf een stukje over een broer of zus, of over een goede vriend of vriendin.

Geef antwoord op de volgende vragen. Gebruik verwijswoorden in je zinnen.
- Introductie: Over wie schrijf je? Wat is hij of zij van jou?
- Hoe vaak zie je hem of haar?
- Wanneer heb je hem of haar voor het laatst gezien?
- Wat hebben jullie toen gedaan?
- Bel of mail je hem of haar ook weleens?
- Wat doet hij of zij in het dagelijks leven? (werk of studie)
- Conclusie: wat betekent deze persoon voor je?

 Oefening 10

Schrijf een stukje over een huis waar je vroeger hebt gewoond.

Geef antwoord op de volgende vragen:
- Introductie: Waar stond het huis? In welk land? In welke omgeving? Enzovoort.
- Wanneer en met wie heb je er gewoond?
- Hoe zag het huis eruit? Hoe groot was het? Hoeveel kamers waren er? Was er een tuin? Enzovoort.
- Welke herinneringen heb je aan het huis?
- Afsluiting: wat is je conclusie over het huis?

3

lidwoorden

 De, het en een

Een **lidwoord** (artikel) is een klein woordje dat bij een **substantief** (zelfstandig naamwoord) hoort.
Het Nederlands kent de volgende **lidwoorden**:

	Bepaald (definiet)	**Onbepaald** (indefiniet)
Enkelvoud (singularis)	*de* kat / *het* huis	*een* kat / *een* huis / – koffie
Meervoud (pluralis)	*de* katten / *de* huizen	– katten / – huizen

→ **Oefening 1**

 Lees het tekstje. Vul in: *de* of *een*. Als er geen lidwoord nodig is, vul je niks in.

1 Ik heb ___*een*___ leuke buurvrouw.

2 Mijn buurvrouw houdt van _____ katten.

3 Ze heeft ___*een*___ witte en ___*een*___ zwarte kat.

4 ___*de*___ witte kat heet _____ Bianca en ___*de*___ zwarte kat heet Moortje.

5 ___*de*___ katten van ___*het*___ buurvrouw hebben ___*een*___ goed leven.

6 Ik geef ___*de*___ katten _____ eten, als mijn buurvrouw op _____ vakantie is.

De regels: welk antwoord is waar?

1 Voor welke woordsoort komt er meestal een lidwoord?
  a Voor een werkwoord (verbum) komt meestal een lidwoord.
  b Voor een substantief (zelfstandig naamwoord) komt meestal een lidwoord.

2 Bij welke soort lidwoord weten we wie of wat we bedoelen?
  a Bij een bepaald lidwoord: *de* en *het*.
  b Bij een onbepaald lidwoord: *een* of *geen lidwoord*.

3 Wanneer gebruik je geen lidwoord in het meervoud?
  a In het meervoud van een onbepaald substantief.
  b In het meervoud van een bepaald substantief.

4 Wat is het meervoud van 'het boek'?
  a het boeken
  b de boeken
  c boeken

5 Wanneer gebruik je bij een onbepaald substantief geen lidwoord in het enkelvoud?
  a Als je iets niet kunt tellen (koffie, water, eten, regen).
  b Als het er maar één is (buurvrouw, kat).

De uitspraak van de lidwoorden

Het lidwoord *een* spreek je uit zoals de *u* in *rug*, dezelfde klank als de *e* van *de*.
Het lidwoord (of verwijswoord) *het* spreek je uit als *ut*, met dezelfde klank. De *h*
hoor je niet. (Wel in het Vlaams.)
Het woord *één* spreek je uit als het getal 1.

Lees de volgende dialoog met je buurman of buurvrouw:

Varun:	Heb je *een* gum voor me te leen?
	Ik heb *het* antwoord verkeerd opgeschreven.
Adisa:	Ja, ik heb er wel *één*. Maar ik heb *het* nu zelf even nodig.
Varun:	Oké, kan ik *het* dan zo even lenen?
Adisa:	Wacht even, ik heb nog wel *een* ander gum.
Varun:	Bedankt, dan kan ik *het* verbeteren.
Adisa:	Houd *het* gum vandaag maar bij je.

Oefening 3

Lees de volgende tekst en let op het gebruik van de lidwoorden.
Bespreek per zin met elkaar: waarom staat er wel een lidwoord of geen lidwoord?

1 Ik heb *twee zoons.*
2 *Mijn oudste zoon* heet *Maarten.*
3 Hij is *student.*
4 Hij woont op *een campus.*
5 Daar zag hij vorige week *een tas* op *de stoep* voor zijn kamer staan.
6 Hij heeft verder niet over *de tas* nagedacht en hij ging *boodschappen* doen.
7 *Een uur* later kwam hij terug met *de boodschappen,* maar hij mocht *de campus* niet op.
8 *Het hele terrein* was afgezet en er stonden *politieauto's* voor *de ingang.*
9 *Een politieagent* hield iedereen tegen.
10 *Mijn zoon* vroeg aan *de agent:* 'Wat is hier *aan de hand*?'
11 *De agent* zei: 'Er is *een bommelding* geweest. Er stond hier *een tas.*
12 In *de tas* kon *een bom* zitten. We nemen *geen risico's.'*
13 Mijn zoon moest *een halfuur* wachten.
14 In *het halfuur* controleerden ze *de tas.*
15 Maar er is *geen bom* in *de tas* gevonden!

Oefening 4

 Lees het volgende stukje. Vul daarna het schema op blz. 58 in.

1 Ik ben vroeger *leraar* op *een basisschool* geweest.
2 Op *school* krijgen kinderen ook *topografie.* Ze leren dan waar *plaatsen, rivieren, zeeën* en *bergen* op *de kaart* liggen. *De kinderen* krijgen *de topografie* mee als *huiswerk.*
3 Ze leren bijvoorbeeld: *Nederland* ligt aan *de Noordzee.* Of: *Maastricht* ligt aan *de Maas.*
4 *De Maas* stroomt door *Limburg. Limburg* grenst aan *België* en *Duitsland.*
5 *Limburg* heeft ook *een berg*: de *Vaalserberg.* Deze berg is 323 meter hoog.
6 Veel buitenlanders vinden dat *geen berg.*

Vul in: een beroep – naam van een land – naam van een stad – naam van een provincie – naam van een zee – naam van een berg – naam van een rivier

Krijgt wel een lidwoord	Krijgt geen lidwoord

Vaste combinaties

- 'Ik neem *de bus naar school*.'

Veel vaste combinaties met een **voorzetsel** (prepositie), zoals *naar school* krijgen geen lidwoord. *Bijvoorbeeld:*
op vakantie, op school, naar school, in bed, naar bed, in huis, op tafel, op tijd, met mes en vork.

Andere vaste combinaties krijgen juist weer wel een lidwoord: ik neem *de bus* (*de trein*, enzovoort), *een beetje, een paar, een heleboel, een aantal, een uur of twee, een hekel aan ..., aan de hand.*

De of het?
Bij de beoordeling van de Staatsexamens (schrijven en spreken) wordt er wel gelet op het gebruik van een **lidwoord**. Maar je mag het verkeerde lidwoord gebruiken. *Bijvoorbeeld:* het goede lidwoord voor *formulier* is *het*.
- 'Ik vul *de* formulier in.'
is fout Nederlands, maar wordt goed gerekend op het examen.
- 'Ik vul formulier in.'
is fout Nederlands en wordt fout gerekend op het examen.

Dus: *de of het* is voor het examen niet belangrijk. Maar misschien wil je het toch weten.
Je kunt het opzoeken in een woordenboek. In veel woordenboeken staat bij het **substantief** of er *de of het* bij hoort.

Er zijn verder nog een paar regels voor het gebruik van *de* of *het*, bijvoorbeeld:

1 Het meervoud krijgt altijd *de*:
   - *het* bord – *de* borden
2 Verkleinwoorden (diminutieven) krijgen *het*:
   - *de* tafel – *het* tafeltje
3 Een persoon krijgt meestal *de*:
   - *de* vader – *de* leraar – *de* koningin (maar: *het* kind, *het* meisje)
4 Een overtreffende trap (superlatief) zonder substantief krijgt *het*:
   - 'Ik vind schrijven *het* moeilijkst.'
5 Een werkwoord gebruikt als substantief krijgt *het*:
   - '*Het schrijven* van een goede brief is erg moeilijk.'

→ **Oefening 5**

Vul een lidwoord in, als het nodig is.

1 _____ *verjaardag in Nederland*

2 Mijn naam is _____ Leila en ik kom uit _____ Marokko.

3 Ik ben getrouwd met ___*een*___ Nederlander.

4 Ik kom met hem vaak op _____ verjaardagen van _____ Nederlandse mensen.

5 Als je _____ huiskamer van _____ jarige binnenkomt, feliciteer je hem of haar natuurlijk.

6 Maar je moet ook ___*de*___ andere gasten feliciteren.

7 Je geeft ___*de*___ hand en zegt dan bijvoorbeeld: 'Gefeliciteerd met je vrouw.'

8 Je geeft ___*de*___ jarige dan ook ___*een*___ cadeautje of _____ bloemen.

9 ___*De*___ jarige pakt dan ___*het*___ cadeautje ook meteen uit.

10 ___*De*___ gasten zitten meestal in ___*een*___ kring.

11 Ze blijven dan ___*de*___ hele avond op ___*de*___ stoel zitten.

12 Je hoort meestal geen _____ muziek en niemand gaat dansen.

13 ___*De*___ mensen praten ___*een*___ beetje met hun _____ buurman of _____ buurvrouw.

14 Eerst krijg je ___*een*___ koffie of _____ thee en ___*een*___ taart.

15 Na _____ uurtje komen er _____ drankjes op _____ tafel.

16 Dat is dan meestal _____ bier, _____ wijn en _____ frisdrank.

17 _____ gasten eten dan _____ chips en _____ stukjes kaas of _____ worst.

18 Zo gaat dat _____ hele avond tot _____ uur of elf.

19 Dan gaan _____ eerste mensen weer naar _____ huis.

20 Ze willen op _____ tijd weer in _____ bed liggen.

21 En wat ik _____ raarst vind: _____ gasten blijven _____ hele avond zitten.

22 Maar _____ gastvrouw is _____ hele avond aan _____ werk!

 Oefening 6

Geef antwoord in hele zinnen over de ruimte (klas, kamer) waar je nu bent.

1 Waar ben je nu?
2 Wat staat er allemaal in deze ruimte?
3 Wat hangt er aan de muur?
4 Kijk naar een tafel. Wat staat en ligt er op de tafel?
5 Wie zijn er in deze ruimte?

 Oefening 7

Beschrijf je tas.

Hoe ziet je tas eruit? Wat zit er allemaal in de tas als je naar de les gaat? Enzovoort.

4

niet en geen
de ontkenning

Lees het volgende stukje:

Ineke en Gerard hebben *geen kinderen*.

Ze krijgen soms de vraag waarom ze *die niet hebben*.

Ze hebben het wel geprobeerd, maar het *lukte niet*.

Nu zeggen ze: 'Het leven zonder kinderen geeft ook meer vrijheid.

Je hoeft *geen oppas* te zoeken, 's nachts je bed *niet uit*, je hoeft *niet thuis* te blijven voor zieke kinderen, *niet naar school* om je kinderen te halen en *geen dure opleidingen* te betalen.'

Veel mensen *begrijpen niet* waarom iemand *geen kinderen* heeft.

Ineke en Gerard vinden het *niet prettig*, als iemand zo reageert.

Ze hebben *geen zin* om het aan anderen uit te leggen.

'Ik wil *niet over dit onderwerp* praten', zegt Ineke.

'Het is privé. Ik vraag andere mensen toch ook *niet alles*.'

 Oefening 1

 Niet of *geen*? Vul het schema in.

positief	negatief (ontkenning) (zie tekst)
Voor een onbepaald substantief (zelfstandig naamwoord) ☐ **niet** ☐ **geen**	
kinderen	_____
een oppas	_____
een dure opleiding	_____
zin	_____

positief	negatief (ontkenning) (zie tekst)
Voor of na een werkwoord (verbum) ☐ **niet** ☐ **geen**	
ze begrijpen waarom	_____
het lukte	_____
Voor een adjectief (bijvoeglijk naamwoord) of bijwoord (adverbium) ☐ **niet** ☐ **geen**	
thuis	_____
prettig	_____
alles	_____
Voor een voorzetsel (prepositie) ☐ **niet** ☐ **geen**	
je bed uit	_____
naar school	_____
over dit onderwerp praten	_____
Na een bepaald lijdend voorwerp (direct object) ☐ **niet** ☐ **geen**	
veel mensen begrijpen dat	_____
(Ze krijgen soms de vraag) waarom ze die hebben	_____

De plaats van *geen* in de zin

Geen komt voor het **substantief** of **adjectief**.
Een substantief is een woord voor een persoon of ding.
Een adjectief geeft meer informatie over de persoon of het ding.
Lees de voorbeeldzinnen met nadruk op de onderstreepte woorden.

- Ik heb *een laptop*.
- Ik heb *een nieuwe laptop*.
- Ik heb zaterdag *een nieuwe laptop* gekocht.
- Ik wil *koffie*.
- Ik wil *sterke koffie*.

- Ik heb *geen laptop*.
- Ik heb *geen nieuwe laptop*.
- Ik heb zaterdag *geen nieuwe laptop* gekocht.
- Ik wil *geen koffie*.
- Ik wil *geen sterke koffie*.

Oefening 2

Bespreek met een andere cursist en schrijf dan de antwoorden op.

Bijvoorbeeld: Heeft hij een auto?
Je vraagt: 'Heb je een auto?'
Hij antwoordt: 'Nee, ik heb geen auto.'

Je schrijft op: *Nee, hij heeft geen auto.*

1 Heeft hij of zij broers en zussen?
2 Heeft hij of zij een broer of zus in Nederland?
3 Woont er familie van hem of haar in de buurt?
4 Heeft hij of zij nog een opa en een oma?
5 Heeft hij of zij deze week contact gehad met de familie in zijn of haar land?
6 Heeft hij of zij een Nederlandse partner? (Kies daarna vraag a of b.)
    a (Zo ja:) Spreekt hij of zij thuis Nederlands met hem of haar?
    b (Zo nee:) Zou hij of zij een Nederlandse partner willen hebben?
7 Heeft hij of zij kinderen? (Kies daarna vraag a of b.)
    a (Zo ja:) Heeft hij of zij al volwassen kinderen?
    b (Zo nee:) Heeft hij of zij wel neefjes of nichtjes?
8 Heeft hij of zij heimwee naar zijn of haar land of familie?

De plaats van *niet* in de zin

Hier is belangrijk: welk zinsdeel ontken je? (Ontkennen betekent: negatief maken.)
Bij dat zinsdeel zet je *niet*. De woorden in dat zinsdeel krijgen ook nadruk. Lees de
voorbeeldzinnen met nadruk op de onderstreepte woorden.

1 *Niet* staat **bij een werkwoord** (*niet* ontkent de actie).
  a Eén werkwoord in de zin: *niet* komt meestal achter het werkwoord, of aan het
    eind van de zin.

Mijn zoon van 16 *rookt*.	Mijn zoon van 16 *rookt niet*.
Mijn tante *komt* vanavond.	Mijn tante *komt* vanavond *niet*. / Mijn tante *komt niet* vanavond.

  b Een bijzin of meer werkwoorden in de zin: *niet* komt voor de werkwoorden aan
    het eind van de zin.

Zij heeft in de vakantie *geskied*.	Zij heeft in de vakantie *niet geskied*.
Je mag je boeken *vergeten*.	Je mag je boeken *niet vergeten*.
Ik hoop dat hij *komt*.	Ik hoop dat hij *niet komt*.
Ik denk dat het morgen *gaat regenen*.	Ik denk dat het morgen *niet gaat regenen*.

2 *Niet* komt **voor een adjectief of bijwoord** (*niet* ontkent het adjectief of het
  bijwoord).

Haar docent is *aardig*.	Haar docent is *niet aardig*.
Hij is *vaak* ziek.	Hij is *niet vaak* ziek.
Dat heeft hij *goed* gedaan.	Dat heeft hij *niet goed* gedaan.

▶

3 *Niet* komt **voor een voorzetsel** (*niet* ontkent het voorzetsel of substantief in het zinsdeel met het voorzetsel).

- De tas ligt *in de kast*.
- Ik kom *met de trein*.
- Heb je *aan onze afspraak* gedacht?

- De tas ligt *niet in* de kast (maar op de kast).
- Ik kom *niet met de trein*.
- Heb je *niet aan onze afspraak* gedacht?

4 *Niet* komt meestal **achter een bepaald lijdend voorwerp** (*niet* ontkent het lijdend voorwerp).

- Ik ken *de buurman*.
- Ik heb *je sleutels* gezien.
- Die vrouw bij het raam is *mijn zus*.*

- Ik ken *de buurman niet*.
- Ik heb *je sleutels niet* gezien.
- Die vrouw bij het raam is *mijn zus niet*. (… *niet mijn zus*.)

* Hier is *mijn zus* geen object, maar een naamwoordelijk deel van het gezegde. *Mijn zus* is dezelfde persoon als het onderwerp.

Conclusie: bij een **bepaald lidwoord** (*de/het*) hoort *niet*, bij een **onbepaald lidwoord** (*een*) hoort *geen*.

 Oefening 3

 Geef antwoord over je buurman of buurvrouw in de klas.

Stel hem of haar de vragen, als je het antwoord niet weet.

1 Weet je de achternaam van je buurvrouw of buurman?
2 Is hij of zij in een Europees land geboren?
3 Is hij of zij langer dan vijf jaar in Nederland?
4 Is hij of zij met een Nederlander getrouwd?
5 Werkt hij of zij fulltime?
6 Heeft hij of zij voor vandaag al het huiswerk gemaakt?
7 Is hij of zij vandaag te laat in de les gekomen?
8 Vindt hij of zij schrijfvaardigheid moeilijk?
9 Gaat hij of zij in de pauze roken?
10 Zat je vorige week ook naast hem of haar?

Betekenisverschil door plaats van *niet* en *geen*

Let op:
Vaak is er betekenisverschil tussen twee negatieve zinnen. Kijk maar naar de zinnen op de volgende pagina.
Op het *onderstreepte* woord komt ook de nadruk, als je het uitspreekt.

■ Hij koopt *geen bloemen* voor zijn vrouw. (maar parfum)

■ Hij koopt die bloemen *niet voor zijn vrouw.* (maar voor zijn secretaresse)

■ Ik koop die bloemen *niet vandaag* op de markt. (maar morgen)

■ Ik koop die bloemen vandaag *niet op de markt.* (maar bij de bloemenzaak)

■ Ik bedoel *niet jullie docent,* maar onze docent.

(Of: Ik bedoel *jullie* docent *niet,* maar onze docent.)

■ Ik kom *niet morgen,* maar overmorgen.

(Of: Ik kom *morgen niet,* maar overmorgen.)

Dus: *geen* voor en *niet* voor of achter een woord ontkent speciaal dat woord.

Oefening 4

 Wat is de beste vervolgzin?

1 Je wilt een nieuwe laptop kopen, maar de verkoper wijst een desktop aan (een computer voor op een bureau). Het maakt je niet uit welk merk je krijgt.
Je antwoordt:
   a Ik wil geen desktop, maar een laptop.
   b Ik wil die desktop niet, ik wil die laptop.

2 Kees wil rozen op de markt kopen. De rozen die de verkoper aanbiedt, zien er niet mooi uit. Hij zegt:
   a Ik wil geen rozen hebben.
   b Ik wil die rozen niet hebben.

3 Mijn tante is op bezoek geweest.
   a Ik wist niet dat ze zou komen.
   b Ik wist dat ze niet zou komen.

4 Suzanne heeft een nestje met jonge poesjes. Ze vraagt of haar vriendin er één wil, maar die houdt niet van katten. De vriendin zegt:
   a Nee, ik wil dat poesje niet.
   b Nee, ik wil geen poesje.

5 Je vriend wil zaterdag een dagje naar de dierentuin. Maar je houdt niet van de dierentuin. Je zegt:

   a   Ik wil niet zaterdag naar de dierentuin.

   b   Ik wil zaterdag niet naar de dierentuin.

6 Je vriend wil zaterdag een dagje naar de dierentuin. Maar het wordt zondag veel beter weer. Je zegt:

   a   Ik wil niet zaterdag naar de dierentuin, maar zondag.

   b   Ik wil zaterdag niet naar de dierentuin, maar naar het strand.

7 Je hebt een recept van een Nederlandse vriendin gekregen voor een stamppot met rauwe andijvie. Je zegt tegen je partner:

   a   Ik heb geen andijvie gekookt.

   b   Ik heb de andijvie niet gekookt.

8 Je krijgt van je school een telefoontje van een secretaresse dat de les niet doorgaat. De docent is ziek. De volgende dag blijkt dat er wel les is geweest, er was door de administratie een fout gemaakt. Je zegt:

   a   De secretaresse zei dat de les niet door zou gaan.

   b   De secretaresse zei niet dat de les door zou gaan.

 Oefening 5

 Zet _geen_ of _niet_ op de juiste plaats in de zin.

1 Ik   heb   gisteren   huiswerk   gemaakt.

2 Ik   ben   het   vergeten   hoor.

3 Maar   ik   had   er   helaas

   tijd   voor.

4 Dat   gebeurt   bij   mij   vaak.

5 Maar   ineens   stond   mijn vriendin

   uit Duitsland   voor de deur,   ze   had

   gebeld.

6 Ik   wist   dus   dat   ze

   zou   komen.

7 Ik   had   ook   boodschappen   in huis.

8 Maar   ik   wilde   haar   toch

   zonder eten   wegsturen.

9 We   gingen   naar een restaurant,   hoewel

   we   hadden   gereserveerd.

10 Maar   dat was   gelukkig   probleem

   en   we   hebben   er   heerlijk gegeten.

Oefening 6

Heb je je aangepast aan de Nederlandse gewoontes? Geef antwoord in hele zinnen.

1 Heb je de Nederlandse eetgewoontes overgenomen?

   Ik eet wel _____ , maar _____

2 Vier je de Nederlandse feesten?

   Ik vier wel _____ , maar _____

3 Waar spreek je de Nederlandse taal wel en niet?

   Ik spreek wel Nederlands _____ , maar _____

   _____

4 Wat deed je wel in je eigen land, maar nu niet meer? En waarom niet?

   _____

   _____

Oefening 7

Maak de zinnen af.

Een dagje uit met het gezin
Af en toe willen wij met het hele gezin een dagje uit, bijvoorbeeld in de vakantie.
Alle drie de kinderen willen dan iets anders.

1 Mijn oudste zoon wil wel naar een museum, maar _____

   _____

2 De middelste wil altijd naar een zwembad, maar de andere twee willen dat niet.

   Daarom _____

3 De jongste wil altijd naar een speeltuin, maar de andere twee _____
   Zo gaat het nu altijd.

4 Mijn man en ik hebben nu maar besloten dat _____

   _____

   Zo is tenminste iedereen tevreden.

✎ **Oefening 8**

Stuur een mailtje aan een vriendin over je vakantie.
Je bent een weekendje weg met je partner. Maar het is niet wat je ervan verwacht
had. Alles valt tegen: het weer, het hotel, de stad waar jullie zijn. Je stuurt een mailtje
aan een vriend of vriendin.

Hoi _____

Ons weekendje weg valt een beetje tegen.

_____

_____

_____

_____

_____

_____

_____

_____

_____

Ik vind het dus niet erg dat we morgen weer naar huis gaan!

Groetjes, _____

5

werkwoordstijden

 Welke tijden zijn er?

Deze **vier tijden** worden in het Nederlands het vaakst gebruikt. We gebruiken in deze methode de internationale termen.

Internationale term	Nederlandse term	Betekenis
presens	o.t.t. = onvoltooid tegenwoordige tijd	nu / gewoonte / toekomst
imperfectum	o.v.t. = onvoltooid verleden tijd	vroeger
perfectum	v.t.t. = voltooid tegenwoordige tijd	vroeger (afgelopen)
plusquamperfectum	v.v.t. = voltooid verleden tijd	nog vroeger

Voorbeeld presens:
- Wij *eten* meestal om zeven uur warm.

Voorbeeld imperfectum:
- Een paar jaar geleden *aten* we rond een uur of zes.
- Toen *waren* de kinderen nog kleiner.

Voorbeeld perfectum:
- We *hebben* gisteren pas om acht uur *gegeten*.

Voorbeeld plusquamperfectum:
- Ik *had* gisteren ook op mijn werk al iets *gegeten*.

Oefening 1

 Lees dit tekstje en vul het schema in.

1 Eén van mijn hobby's is wandelen, ik maak dan ook regelmatig met een vriendin een lange wandeling.

2 In de afgelopen winter heb ik op een koude dag ook zo'n wandeling met een vriendin gemaakt.

3 We hadden de auto ergens neergezet en maakten daarna een wandeling.

4 Het was een gezellige dag en we spraken over veel dingen.

5 Maar op een gegeven moment raakten we de weg kwijt.

6 We hadden wel een kaart meegenomen, maar wisten niet meer waar we waren.

7 We hadden ook 's morgens niet goed opgelet waar we de auto hadden neer-gezet.

8 Het werd al donker, in de winter is het al om vijf uur donker.

9 We bedachten dat we iemand konden bellen. Maar dan konden we ook niet uit-leggen waar we waren!

10 Zo liepen we een hele tijd, door weilanden en door stukken bos en we werden steeds vermoeider.

11 Net toen we bedacht hadden dat we ergens bij een boerderij de weg konden vragen, zagen we langs de kant van de weg een auto staan.

12 Gelukkig, dat was mijn auto. Het leek wel een wonder!

13 We hebben toen eerst wat gegeten in een restaurant, voordat we naar huis gingen.

14 We hebben zeker wel een leuke dag gehad, maar ook een spannende.

15 En de volgende keer let ik toch beter op waar ik loop en waar ik mijn auto neerzet.

Kruis de juiste tijd van het werkwoord aan en zet in de laatste kolom de infinitief.

zin	werkwoord	Kruis aan: plusquam-perfectum / v.v.t.	Kruis aan: perfectum / v.t.t.	Kruis aan: imperfectum / o.v.t.	Kruis aan: presens / o.t.t.	Vul in: infinitief
1	is				x	zijn
	maak				✔	maken
2	heb gemaakt	✔	✔			maken

70

kwijt = los / weg

zin	werkwoord	plusquamp.	perfectum	imperfectum	presens	infinitief
3	hadden neergezet	•				neerzetten
	maakten			•		maken
4	was			•		zijn
	spraken			•		spreken
5	raakten ... kwijt			•		~~kwijtraken~~ verliezen
6	hadden meegenomen	•				meenemen
	wisten			•		weten
	waren			•		zijn
7	hadden opgelet	•				opletten
	hadden neergezet	•				neerzetten
8	werd				•	zijn
	is				•	zijn
9	bedachten			•		bedenken
	konden (2x)			•		kunnen
	waren			•		zijn
10	liepen			•		lopen
	werden			•		worden
11	bedacht hadden		•			bedenken
	konden		•			kunnen
	zagen		•			zien
12	was			•		zijn
	leek			•		lijken
13	hebben gegeten	•	•	•		eten
	gingen			•		gaan
14	hebben gehad		•			hebben
15	let ... op				•	opletten
	loop				•	lopen
	neerzet				•	neerzetten

De werkwoordsvormen in het presens (o.t.t.)

Er zijn **regelmatige** werkwoorden en **onregelmatige** werkwoorden. Voor de vervoeging van regelmatige werkwoorden zijn vaste regels, onregelmatige werkwoorden vervoeg je anders.

Regelmatige werkwoorden
Om werkwoordsvormen van regelmatige werkwoorden in het presens te maken, volg je de volgende regels:

1 Neem de **stam** van het werkwoord.
  Bijvoorbeeld: werken – *werk*; noemen – *noem*; maken – *maak*; bellen – *bel*.
2 Het **enkelvoud** is alleen de **stam** (ik *werk* / *werk* je?) of de **stam + t** (je / u / ze / hij *werkt*); het **meervoud** is de **stam + -en** (we / jullie / ze *werken*).

Overzicht regelmatige werkwoorden

		werken	roken	bellen	antwoorden	wachten
			open a- / o- / e- / u-	dubbele medeklinker	stam eindigt op een -d	stam eindigt op een -t
enkel-voud	ik	Ik *werk*	Ik *rook*	Ik *bel*	Ik *antwoord*	Ik *wacht*
	jij/je	Je *werkt*	Je *rookt*	Je *belt*	Je *antwoordt*	Je *wacht*
	... jij/je?	*Werk* je?	*Rook* je?	*Bel* je?	*Antwoord* je?	*Wacht* je?
	u	U *werkt*	U *rookt*	U *belt*	U *antwoordt*	U *wacht*
	hij/ze/zij	Hij *werkt*	Hij *rookt*	Hij *belt*	Hij *antwoordt*	Hij *wacht*
meer-voud	wij/we	We *werken*	We *roken*	We *bellen*	We *antwoorden*	We *wachten*
	jullie	Jullie *werken*	Jullie *roken*	Jullie *bellen*	Jullie *antwoorden*	Jullie *wachten*
	zij/ze	Ze *werken*	Ze *roken*	Ze *bellen*	Ze *antwoorden*	Ze *wachten*

Onregelmatige werkwoorden
De werkwoordsvormen van onregelmatige werkwoorden in het presens maak je soms hetzelfde als regelmatige werkwoordsvormen (bijvoorbeeld: ik *heb*, je *hebt*, we *hebben*, maar vaak zijn de vormen anders (bijvoorbeeld: ik *ben*, hij *is*, we *zijn*).
Je kunt deze vormen het best uit je hoofd leren.

Overzicht onregelmatige werkwoorden

		zijn	hebben	gaan	doen
enkel-voud	ik	Ik *ben*	Ik *heb*	Ik *ga*	Ik *doe*
	jij/je	Je *bent*	Je *hebt*	Je *gaat*	Je *doet*
	... jij/je?	*Ben* je?	*Heb* je?	*Ga* je?	*Doe* je?
	u	U *bent*	U *hebt* / U *heeft*	U *gaat*	U *doet*
	hij/ze/zij	Hij *is*	Hij *heeft*	Hij *gaat*	Hij *doet*
meer-voud	wij/we	We *zijn*	We *hebben*	We *gaan*	We *doen*
	jullie	Jullie *zijn*	Jullie *hebben*	Jullie *gaan*	Jullie *doen*
	zij/ze	Ze *zijn*	Ze *hebben*	Ze *gaan*	Ze *doen*

De volgende werkwoorden zijn ook onregelmatig: *kunnen, mogen, willen* en *zullen*. Deze werkwoorden noemen we **modale werkwoorden**. Ze geven meer informatie over een werkwoord.

Bijvoorbeeld:

- Hij fietst daar. (Hij is nu bezig met fietsen.)
- Hij kan fietsen. (Hij fietst niet, maar hij heeft het geleerd.)
- Hij moet fietsen. (Hij moet met de fiets gaan, want zijn auto is kapot.)
- Hij wil fietsen. (Hij vindt het leuk om te fietsen, niet om te wandelen.)

Overzicht modale werkwoorden

		kunnen	mogen	willen	zullen
enkel-voud	ik	Ik *kan*	Ik *mag*	Ik *wil*	Ik *zal*
	jij/je	Je *kan* / je *kunt*	Je *mag*	Je *wilt* / Je *wil*	Je *zal* / Je *zult*
	... jij/je?	*Kan* je? / *Kun* je?	*Mag* je?	*Wil* je?	*Zal* je? / *Zul* je?
	u	U *kunt*	U *mag*	U *wilt*	U *zult*
	hij/ze/zij	Hij *kan*	Hij *mag*	Hij *wil*	Hij *zal*
meer-voud	wij/we	We *kunnen*	We *mogen*	We *willen*	We *zullen*
	jullie	Jullie *kunnen*	Jullie *mogen*	Jullie *willen*	Jullie *zullen*
	zij/ze	Ze *kunnen*	Ze *mogen*	Ze *willen*	Ze *zullen*

De modale werkwoorden *moeten* en *hoeven* staan niet in dit overzicht, omdat ze wel regelmatig zijn.

Vul de werkwoordsvormen in het presens in (of als hulpwerkwoord in het perfectum). Gebruik het werkwoord dat tussen haakjes achter de zin staat.

1 Ella ___woont___ nu een jaar in Nederland. (wonen)

2 Zij en haar man ___wonen___ in Rotterdam. (wonen)

3 Ella ___is___ een Roemeense vrouw. (zijn)

4 Ze ___gaat___ nu naar een cursus voor het Staatsexamen. (gaan)

5 De cursisten in haar groep ___hebben___ drie keer per week les. (hebben)

6 De cursisten ___krijgen___ ook veel huiswerk. (krijgen)

7 De docent ___zegt___ altijd: (zeggen)

8 'Het ___is___ belangrijk (zijn)

9 dat jullie thuis de stof ook ___herhalen___.' (herhalen)

10 Ella ___heeft___ eerst een inburgeringscursus gedaan. (hebben)

11 Maar zo'n cursus ___vindt___ ze eigenlijk te kort voor een hoger opgeleide. (vinden)

12 Ze ___vertelt___ over de lessen: (vertellen)

13 'Ik ___ben___ daar wel drie maanden geweest. (zijn)

14 In zo'n cursus ___leert___ je ook interessante dingen. (leren)

15 Je ___krijgt___ bijvoorbeeld informatie over de Nederlandse maatschappij. (krijgen)

16 Maar ik ___heb___ daar niet genoeg geleerd. (hebben)

17 Je ___leer___ in zo'n cursus alleen de basis tot A2. (leren)

18 Ik ___wil___ graag de grammatica van het Nederlands nog beter leren. (willen)

19 Bijvoorbeeld: welke tijd van het werkwoord ___gebruik___ je in welke situatie. (gebruiken)

20 En wanneer ___*moet*___ je een bijzin maken? (moeten)

21 Ik ___*vind*___ het moeilijk om dat allemaal in de praktijk goed te

gebruiken.' (vinden)

22 Ella ___*hoopt*___ binnen een jaar staatsexamen 1 te doen. (hopen)

23 Dan ___*kan*___ ze daarna een beroepsopleiding in de zorg volgen.

(kunnen)

24 Dat ___*zal*___ dan nog wel moeilijk genoeg zijn. (zullen)

25 Maar dat ___*is*___ ook een grote wens voor haar. (zijn)

De werkwoordsvormen in het imperfectum (o.v.t.)

Om de juiste werkwoordsvormen in het imperfectum te maken, moet je weten of het werkwoord regelmatig of onregelmatig is (dit geldt ook voor het perfectum en het plusquamperfectum, zie verderop).

Regelmatige werkwoorden (deze noemen we ook wel: **zwakke werkwoorden**)
Bij deze werkwoorden moet je **vaste regels** volgen om het imperfectum te maken.
De regels zijn:

1 Neem de **stam** van het werkwoord.
Bijvoorbeeld: werken – *werk*; noemen – *noem*; maken – *maak*;
bellen – *bel*; leven – *leev*; reizen – *reiz*.

2 Wat is de **laatste letter** van de **stam**?
a Is de laatste letter van de stam een medeklinker in *'t kofschip*? (*soft ketchup*)?
Dan komt achter de stam: *-te* of *-ten*.   ■ Ik werkte. – Wij werkten.

b Is de laatste letter van de stam geen medeklinker in *'t kofschip*? (*soft ketchup*)?
Dan komt achter de stam: *-de* of *-den*.   ■ Ik belde. – Wij belden.
Let op bij de *f/v* en de *s/z*:   ■ leven – leefde / reizen – reisde

3   Beslis: is het **enkelvoud** of **meervoud**?

    a   Voor het enkelvoud gebruik je *-te* of *-de*.

- ik *werkte* / jij *werkte* / u *werkte* / hij *werkte* / zij *werkte*
- ik *belde* / jij *belde* / u *belde* / hij *belde* / zij *belde*

    b   Voor het meervoud gebruik je *-ten* of *-den*.

- wij *werkten* / jullie *werkten* / zij *werkten*
- wij *belden* / jullie *belden* / zij *belden*

Onregelmatige werkwoorden (deze noemen we ook wel: **sterke werkwoorden**)
Hier verandert in het imperfectum meestal de klinker in de stam.
Bijvoorbeeld: drinken – dronk – (gedronken).
Hiervoor moet je dus weten welke vormen het werkwoord in het imperfectum
heeft. Je kunt dit opzoeken in een woordenboek of vinden in de meeste gramma-
ticaboeken (bijvoorbeeld: *Beter Nederlands, een inleiding*, achter in het boek), of op
internet.

1   Kijk wat de **vorm** voor het imperfectum is.
    Bijvoorbeeld: vallen – *viel*.

2   Beslis: is het **enkelvoud** of **meervoud**?

    a   In het enkelvoud zijn dan alle vormen:
       viel → ik *viel* / jij *viel* / u *viel* / hij/zij *viel*

    b   In het meervoud zijn dan alle vormen:
       vielen → wij *vielen* / jullie *vielen* / zij *vielen*

Let op: het **imperfectum** krijgt nooit *-dt*.
Vergelijk: hij *loopt* / hij *wordt* – hij *liep* / hij *werd*

Overzicht imperfectum

		werken (regelmatig)	bellen (regelmatig)	wachten (regelmatig)	landen (regelmatig)	lopen (onregelmatig)
		stam eindigt op -k / -f / -s / -ch / -p: stam + te(n)	stam eindigt niet op -k / -f / -s / -ch / -p: stam + de(n)	stam eindigt op een -t: stam + te(n) > dubbel t	stam eindigt op een -d: stam + de(n) > dubbel d	stam verandert (+ -en)
enkel-	ik	Ik *werkte*	Ik *belde*	Ik *wachtte*	Ik *landde*	Ik *liep*
voud	jij/je	Je *werkte*	Je *belde*	Je *wachtte*	Je *landde*	Je *liep*
	... jij/je?	*Werkte* je?	*Belde* je?	*Wachtte* je?	*Landde* je?	*Liep* je?
	u	U *werkte*	U *belde*	U *wachtte*	U *landde*	U *liep*
	hij/ze/zij	Hij *werkte*	Hij *belde*	Hij *wachtte*	Hij *landde*	Hij *liep*
meer-	wij/we	We *werkten*	We *belden*	We *wachtten*	We *landden*	We *liepen*
voud	jullie	Jullie *werkten*	Jullie *belden*	Jullie *wachtten*	Jullie *landden*	Jullie *liepen*
	zij/ze	Ze *werkten*	Ze *belden*	Ze *wachtten*	Ze *landden*	Ze *liepen*

⚙ Woordvolgorde in het presens en imperfectum

De vorm van het presens en het imperfectum is de **persoonsvorm** en staat dus:
- ▪ in de **hoofdzin**: op de tweede plaats in de zin.
- ▪ in de **bijzin**: achteraan in de zin.

Hoofdzin

onderwerp	persoonsvorm	rest	werkwoord(en)
We	hoeven	vandaag niet zo veel huiswerk	te doen.
Ik	moest	gisteren veel huiswerk	maken.

Hoofdzin met inversie

rest	persoonsvorm	onderwerp	rest	werkwoord(en)
Vandaag	hoeven	we	niet zo veel huiswerk	te doen.
Gisteren	moest	ik	veel huiswerk	maken.

Bijzin

hoofdzin	(voeg) woord	onderwerp	rest	werkwoord(en)
Ik ben blij,	omdat	ik	niet zo veel huiswerk	*hoef* te maken
Ik was moe,	omdat	ik	veel huiswerk	*moest* maken.

Vul de vormen van het imperfectum in. Zet de werkwoorden op de goede plaats in de zin.

1 Gisteren _was_ ik _____ op mijn werk, een school met acht verdiepingen. (zijn)

2 De les _begon_ bijna _____. (beginnen)

3 Ik _zette_ mijn spullen _____ klaar _____. (zetten) *

4 Daarna _keek_ ik _____ nog even in mijn mail _____. (kijken)

5 Ineens _viel_ de elektriciteit _____ uit _____. (vallen) *

6 Het scherm van de computer _werd_ zwart _____. (worden)

7 Er _kwamen_ twee cursisten _____ binnen _____. (komen)*

8 Die cursisten _zeiden_ (zeggen) dat de lift ook _____ vast _zat_. (zitten) *

9 We _wisten_ eerst _____ natuurlijk niet _____ (weten) wat _____ er _____ aan de hand _was_. (zijn)

10 Maar er _bleek_ een storing te zijn _____ (blijken) en die _bleken_ een paar uur _____ te duren _____. (blijken)

11 We _hadden_ wel contact _____ met de cursisten in de lift. (hebben)

12 Die _stonden_ daar met z'n tienen in een donkere lift _____ zonder airco. (staan)

13 Want vlak voor negen uur _was_ het _____ natuurlijk erg druk in de lift. (zijn)

14 Sommige cursisten _raakten_ ook in paniek _____. (raken)

15 Daarom _belden_ we _____ de brandweer

_____. (bellen)

16 De brandweer _kwam_ gelukkig _____ snel. (komen)

17 De mannen _konden_ de cursisten _____ bevrijden. (kunnen)

18 De directie van de school _nam_ toen _____

een besluit _____. (nemen)

19 We _moesten_ de cursisten _____ naar huis sturen. (moeten)

20 Want het brandalarm _deed_ het _____ ook niet meer zonder elektriciteit. (doen)

21 Bovendien _kon_ niemand _____ de lift gebruiken. (kunnen)

22 Iedereen _had_, dus onverwacht _____ een

vrije dag _____. (hebben)

* Dit zijn **scheidbare werkwoorden**, dus eigenlijk zijn de infinitieven: klaarzetten (3), uitvallen (5), binnenkomen (7), vastzitten (8). In hoofdstuk 9 – scheidbare werkwoorden leer je deze gebruiken.

De werkwoordsvormen in het perfectum (v.t.t.) en het plusquamperfectum (v.v.t.)

Regelmatige werkwoorden (zwakke werkwoorden)
Hier moet je **vaste regels** volgen. De regels zijn:

1 Neem de **stam** van het werkwoord.
   Bijvoorbeeld: werken – *werk*; noemen – *noem*; maken – *maak*; bellen – *bel*; leven – *leev*; reizen – *reiz*.

2 Wat is de **laatste letter** van de **stam**?
   a Is de laatste letter van de stam een medeklinker in *'t kofschip? (soft ketchup)*?
     Dan komt voor de stam *ge-* en achter de stam *-t*: ■ Ik heb *gewerkt*.

▶

79

    b   Is de laatste letter van de stam geen medeklinker in *'t kofschip? (soft ketchup)?*
Dan komt voor de stam *ge-* en achter de stam *-d*:   Ik heb gebel*d*.

    Let op bij de *f/v* en de *s/z*:   le*v*en – gelee*f*d / rei*z*en – gerei*s*d

Een **zwak voltooid deelwoord** eindigt dus altijd op een *-t* of een *-d*.
Let op: een **infinitief** die begint met *be- / ge- / her- / ont- / ver-*, krijgt geen *ge-* in het voltooid deelwoord:

Presens	Perfectum
Hij *herhaalt* de zin.	Hij *heeft* de zin *herhaald*.
Hij *vertelt* een verhaal.	Hij *heeft* een verhaal *verteld*.

Onregelmatige werkwoorden (sterke werkwoorden)
Bij deze werkwoorden verandert in het **perfectum** soms de klinker in de stam.
Bijvoorbeeld: drinken – (dronk) – ge*d*ro*n*ken
Hiervoor moet je weten welke vormen het werkwoord in het perfectum heeft.
Je kunt dit opzoeken in een woordenboek of vinden in de meeste grammatica-boeken (bijvoorbeeld: *Beter Nederlands, een inleiding*, achter in het boek), of op internet.
Een **sterk voltooid deelwoord** eindigt meestal op **-en**. *Bijvoorbeeld*: gedronk*en*.

Het hulpwerkwoord

Het **hulpwerkwoord** (meestal *hebben* en soms *zijn*) is de persoonsvorm en moet dus passen bij het onderwerp. Het **voltooid deelwoord** is voor alle personen het-zelfde:
Bijvoorbeeld: Ik *heb* gebeld. / Hij *heeft* gebeld. / Zij *hebben* gebeld.
     Ik *ben* gestopt. / Hij *is* gestopt. / Zij *zijn* gestopt.

In het **perfectum** is het hulpwerkwoord: *ben – bent – is – zijn / heb – hebt – heeft – hebben*.

In het **plusquamperfectum** (iets is gebeurd voor een andere gebeurtenis in het ver-leden) is het hulpwerkwoord: *was – waren / had – hadden*.
Bijvoorbeeld: Ik *heb* gisteren een examen *gemaakt*.
     Ik *had* dat eergisteren goed *geleerd*.
     Hij *is* 1 januari alweer met roken *gestopt*.
     Hij *was* daarvoor al drie keer *gestopt*.

Overzicht perfectum

werken (regelmatig) hulpwerkwoord: hebben	bellen (regelmatig) hulpwerkwoord: hebben	helpen (onregelmatig) hulpwerkwoord: hebben	blijven (onregelmatig) hulpwerkwoord: zijn
stam eindigt op -t / -k / -f / -s / -ch / -p: ge + stam + t	stam eindigt niet op -t / -k / -f / -s / -ch / -p: ge + stam + d	stam verandert: ge + andere stam + -en	stam verandert: ge + andere stam + -en
Ik *heb gewerkt.*	Ik *heb gebeld.*	Ik *heb geholpen.*	Ik *ben gebleven.*
Je *hebt gewerkt.*	Je *hebt gebeld.*	Je *hebt geholpen.*	Je *bent gebleven.*
Heb je *gewerkt?*	Heb je *gebeld?*	Heb je *geholpen?*	Ben je *gebleven?*
U *heeft gewerkt.*	U *heeft gebeld.*	U *heeft geholpen.*	U *bent gebleven.*
Hij *heeft gewerkt.*	Hij *heeft gebeld.*	Hij *heeft geholpen.*	Hij *is gebleven.*
We *hebben gewerkt.*	We *hebben gebeld.*	We *hebben geholpen.*	We *zijn gebleven.*
Jullie *hebben gewerkt.*	Jullie *hebben gebeld.*	Jullie *hebben geholpen.*	Jullie *zijn gebleven.*
Ze *hebben gewerkt.*	Ze *hebben gebeld.*	Ze *hebben geholpen.*	Ze *zijn gebleven.*

Overzicht plusquamperfectum

werken (regelmatig) hulpwerkwoord: hebben	bellen (regelmatig) hulpwerkwoord: hebben	helpen (onregelmatig) hulpwerkwoord: hebben	blijven (onregelmatig) hulpwerkwoord: zijn
stam eindigt op -t / -k / -f / -s / -ch / -p: ge + stam + t	stam eindigt niet op -t / -k / -f / -s / -ch / -p: ge + stam + d	stam verandert: ge + andere stam + -en	stam verandert: ge + andere stam + -en
Ik *had gewerkt.*	Ik *had gebeld.*	Ik *had geholpen.*	Ik *was gebleven.*
Je *had gewerkt.*	Je *had gebeld.*	Je *had geholpen.*	Je *was gebleven.*
Had je *gewerkt?*	Had je *gebeld?*	Had je *geholpen?*	Was je *gebleven?*
U *had gewerkt.*	U *had gebeld.*	U *had geholpen.*	U *was gebleven.*
Hij *had gewerkt.*	Hij *had gebeld.*	Hij *had geholpen.*	Hij *was gebleven.*
We *hadden gewerkt.*	We *hadden gebeld.*	We *hadden geholpen.*	We *waren gebleven.*
Jullie *hadden gewerkt.*	Jullie *hadden gebeld.*	Jullie *hadden geholpen.*	Jullie *waren gebleven.*
Ze *hadden gewerkt.*	Ze *hadden gebeld.*	Ze *hadden geholpen.*	Ze *waren gebleven.*

Let op: soms zie je ook *Ik ben gebeld.* of *Ik ben geholpen.* Dit betekent iets anders: het is een passieve vorm. Iemand anders heeft je dan gebeld of geholpen. Dit leer je in hoofdstuk 11.

▶

De woordvolgorde in het perfectum en het plusquamperfectum

Het perfectum en het plusquamperfectum hebben een **hulpwerkwoord** (*hebben* of *zijn*) en een **voltooid deelwoord** (meestal een vorm die begint met *ge-*, bijvoorbeeld: *gewerkt*). Het hulpwerkwoord is de **persoonsvorm** en staat dus in de **hoofdzin** op de tweede plaats en in de **bijzin** achteraan.

Hoofdzin

onderwerp	persoonsvorm	rest		werkwoord(en)
Ik	heb	gisteren veel huiswerk		gemaakt.

Hoofdzin met inversie

rest	persoonsvorm	onderwerp	rest	werkwoord(en)
Gisteren	heb	ik	veel huiswerk	gemaakt.

Bijzin

hoofdzin	(voeg)woord	onderwerp	rest	werkwoord(en)
Ik was moe,	omdat	ik	veel huiswerk	had gemaakt.

 Oefening 4

Geef antwoord in hele zinnen.

1 Over je komst naar Nederland:
   a Wanneer ben je naar Nederland gekomen?
   b Was je daarvoor al eens in Nederland geweest?
   c Had je voor die tijd al een beetje Nederlands geleerd?

2 Over je huidige woonplaats:
   a Wanneer ben je naar je huidige woonplaats verhuisd?
   b Ben je daar alleen naartoe verhuisd?
   c Had je daarvoor al in een andere plaats in Nederland gewoond?

3 Over de Nederlandse les:
   a Wanneer ben je met deze cursus begonnen?
   b Had je toen lang op een wachtlijst gestaan?
   c Had je daarvoor al inburgeringsexamen gedaan?

4   Over je werk en opleiding in je eigen land:
    a   Heb je in je eigen land gewerkt?
    b   Wat had je daarvoor gestudeerd?
    c   Heb je in Nederland datzelfde werk ook gedaan?

5   Over gasten bij jou thuis:
    a   Wanneer heb je voor het laatst gasten te eten gehad?
    b   Wat hebben jullie toen gegeten?
    c   Had je toen zelf het eten klaargemaakt?

6   Over het kijken naar films:
    a   Welke film heb je pas gezien?
    b   Heb je thuis of in de bioscoop naar die film gekeken?
    c   Had je eerst iets over die film gelezen?

7   Over een slapeloze nacht:
    a   Wanneer heb je voor het laatst wakker gelegen?
    b   Was er toen iets vervelends gebeurd?
    c   Heb je de nacht daarna wel goed geslapen?

8   Over een vriendje of vriendinnetje (iemand met wie je een relatie had):
    a   Wanneer heb je voor het eerst in je leven een vriendje of vriendinnetje gehad?
    b   Waar had je die toen ontmoet?
    c   Heb je die daarna nog ontmoet?

 Oefening 5

 Vul de juiste vormen van de werkwoorden in (zie de volgende pagina's).

infinitief	dansen (regelmatig) hulpwerkwoord: *hebben*	vieren (regelmatig) hulpwerkwoord: *hebben*	vallen (onregelmatig) hulpwerkwoord: *zijn*
stam			
presens enkelvoud	Ik _____ vaak.	Ik _____ feest.	Ik _____ hard.
	Je _____ vaak.	Je _____ feest.	Je _____ hard.
	_____ je vaak?	_____ je feest?	_____ je hard?
	U _____ vaak.	U _____ feest.	U _____ hard.
	Hij _____ vaak.	Hij _____ feest.	Hij _____ hard.
	Ze _____ vaak.	Ze _____ feest.	Ze _____ hard.
presens meervoud	We _____ vaak.	We _____ feest.	We _____ hard.
	Jullie _____ vaak.	Jullie _____ feest.	Jullie _____ hard.
	Ze _____ vaak.	Ze _____ feest.	Ze _____ hard.
imperfectum enkelvoud	Ik _____ vaak.	Ik _____ feest.	Ik viel hard.
	Je _____ vaak.	Je _____ feest.	Je _____ hard.
	_____ je vaak?	_____ je feest?	_____ je hard?
	U _____ vaak.	U _____ feest.	U _____ hard.
	Hij _____ vaak.	Hij _____ feest.	Hij _____ hard.
	Ze _____ vaak.	Ze _____ feest.	Ze _____ hard.
imperfectum meervoud	We _____ vaak.	We _____ feest.	We _____ hard.
	Jullie _____ vaak.	Jullie _____ feest.	Jullie _____ hard.
	Ze _____ vaak.	Ze _____ feest.	Ze _____ hard.

infinitief	dansen (regelmatig) hulpwerkwoord: *hebben*	vieren (regelmatig) hulpwerkwoord: *hebben*	vallen (onregelmatig) hulpwerkwoord: *zijn*
perfectum enkelvoud	Ik ___ vaak .	Ik ___ feest .	Ik ___ hard gevallen.
	Je ___ vaak .	Je ___ feest .	Je ___ hard .
	___ je vaak ?	___ je feest ?	___ je hard ?
	U ___ vaak .	U ___ feest .	U ___ hard .
	Hij ___ vaak .	Hij ___ feest .	Hij ___ hard .
	Ze ___ vaak .	Ze ___ feest .	Ze ___ hard .
perfectum meervoud	We ___ vaak .	We ___ feest .	We ___ hard .
	Jullie ___ vaak .	Jullie ___ feest .	Jullie ___ hard .
	Ze ___ vaak .	Ze ___ feest .	Ze ___ hard .
plusquam-perfectum enkelvoud	Ik ___ vaak .	Ik ___ feest .	Ik ___ hard .
	Je ___ vaak .	Je ___ feest .	Je ___ hard .
	___ je vaak ?	___ je feest ?	___ je hard ?
	U ___ vaak .	U ___ feest .	U ___ hard .
	Hij ___ vaak .	Hij ___ feest .	Hij ___ hard .
	Ze ___ vaak .	Ze ___ feest .	Ze ___ hard .
plusquam-perfectum meervoud	We ___ vaak .	We ___ feest .	We ___ hard .
	Jullie ___ vaak .	Jullie ___ feest .	Jullie ___ hard .
	Ze ___ vaak .	Ze ___ feest .	Ze ___ hard .

Oefening 6

 Maak ook schema's van andere werkwoorden.

Als je nog fouten had in oefening 5, maak je nog meer schema's met de volgende zin-
netjes:

1 Ik *fiets* hard.

   fietsen: regelmatig werkwoord; hulpwerkwoord: *hebben*
2 Ik *voel* dat.

   voelen: regelmatig werkwoord; hulpwerkwoord: *hebben*
3 Ik *stop* daar.

   stoppen: regelmatig werkwoord; hulpwerkwoord: *zijn*
4 Ik *loop* snel.

   lopen: onregelmatig werkwoord: lopen – liep – gelopen; hulpwerkwoord: *hebben*

Het gebruik van de verschillende tijden

Het presens

1 Een gebeurtenis op dit moment: We *zijn* in de klas.
2 Een gewoonte: Ik *eet* elke ochtend een boterham met jam.
3 Een gebeurtenis in de toekomst: Ik *ben* morgen iets later. / Ik *ga* mijn
                                                                                broer even *bellen*.

Het perfectum

1 Een afgelopen situatie: Zij *heeft* in België *gewoond*.
2 Een eerdere gebeurtenis: Ik *heb* die film ook *gezien*.
3 In een verhaal: vaak is de eerste en de laatste zin in het perfectum. Zie de
   voorbeeldtekst op blz. 87.

Het imperfectum

1 Een eerdere gebeurtenis: Zij *was* niet in de les.
2 Een vroegere gewoonte: Ik *ging* lopend naar school.
3 In een verhaal: als er een aantal dingen achter elkaar gebeurd zijn, staat dat
   meestal in het imperfectum. Zie de voorbeeldtekst op blz. 87.

Het plusquamperfectum

Iets is gebeurd voor een andere gebeurtenis in het verleden: het is vroeger dan
vroeger.

   Ze *kwam* niet, hoewel we wel *afgesproken hadden*.

Voorbeeld van het gebruik van de verschillende tijden

1 Ik ben gisteren in Amsterdam geweest.
2 Ik had afgesproken om mijn vriendin daar te ontmoeten.
3 Mijn vriendin woont daar.
4 Ik vind het altijd leuk om daar een dagje naartoe te gaan.
5 We hadden elkaar al een paar maanden niet gezien.
6 Ik ben met de trein gegaan.
7 Maar helaas was ik vergeten om in te checken met mijn ov-chipkaart.
8 Dat was me nog nooit eerder gebeurd.
9 Ik had zeker niet opgelet.
10 Natuurlijk kwam er een conducteur langs.
11 Ik maakte mijn excuus en legde het uit.
12 Maar hij had geen medelijden met me en ik moest een boete betalen.
13 Toen ik mijn vriendin zag, vertelde ik het haar meteen.
14 Zij heeft me getroost met een kop koffie en appelgebak.
15 We hebben toch een leuke dag gehad.
16 De volgende keer ga ik haar trakteren.

 Oefening 7

Overzicht: schrijf de nummers van de voorbeeldzinnen onder de juiste tijd.

nog vroeger **plusquamperfectum**	*vroeger* **perfectum/imperfectum**	*nu* **presens**	*toekomst* **presens** (met *gaan*)
25789	16 10 11 12 13 14	3 4	16

 Oefening 8

Welke zin komt erna? Kies a of b.

1 Aybuke is vorig jaar naar Nederland gekomen.
   a Ze heeft haar Nederlandse man Willem het jaar daarvoor ontmoet.
   b Ze had haar Nederlandse man Willem het jaar daarvoor ontmoet.

2 Toen Aybuke in Nederland was,
   a hebben ze vrij snel daarna een huis gekocht.
   b kopen ze vrij snel daarna een huis.

3 Dat lukte zo snel,
  a omdat Willem al veel huizen heeft bekeken, toen Aybuke nog in Turkije was.
  b omdat Willem al veel huizen had bekeken, toen Aybuke nog in Turkije was.

4 Toen Aybuke in Nederland was,
  a kon ze uit een paar huizen kiezen.
  b had ze uit een paar huizen kunnen kiezen.

5 Ze zijn ook vrij snel daarna getrouwd.
  a Aybuke heeft in Turkije al een jurk gekocht.
  b Aybuke had in Turkije al een jurk gekocht.

6 Aybukes familie is voor de bruiloft naar Nederland gekomen.
  a Ze zijn toen ook voor een vakantie gebleven.
  b Ze waren toen daarna ook voor een vakantie gebleven.

7 Voor Aybuke en Willem en de families was het een leuke tijd.
  a Iedereen heeft genoten.
  b Iedereen had genoten.

8 Nu is iedereen weer weg en aan het werk.
  a Aybuke mist haar familie wel.
  b Aybuke heeft haar familie wel gemist.

→ Oefening 9

 Lees dit tekstje. Zet de werkwoorden in de juiste vorm en op de juiste plaats in de zin.

1 We _zijn_ in de vakantie in het zuiden van Spanje _geweest_. (zijn)

2 Eerst _hebben_ we het vliegtuig naar Malaga _genomen_ (nemen)

3 Vandaar _wilden_ we met een huurauto naar ons vakantiehuis rijden. (willen)

4 Die auto _had_ ik thuis al via internet _gereserveerd_. (reserveren)

5 Ook het vakantiehuis *had* ik thuis

al *gehuurd* . (huren)

6 Ons vakantiehuis *lag* hoog in de bergen , (liggen)

dus het *was* voor ons moeilijk te

vinden. (zijn)

7 Thuis *had* ik *er* per e-mail met de eigenaar een

plaats *afgesproken* (afspreken) om elkaar te ontmoeten.

8 Na de ontmoeting *reed* de eigenaar van het huis

voor ons uit. (rijden)

9 Het *was* al donker , (zijn)

toen we ernaartoe *reden* (rijden)

en er *stonden* geen lampen langs de weg . (staan)

10 De weg *werd* steeds slechter , (worden)

het *was* een zandweg met stenen en rotsblokken

en kuilen. (zijn)

11 Op zo'n slechte weg *had* ik nog nooit

gereden . (rijden)

12 En ik *had* toch veel rijervaring , (hebben)

ik *reed* ook bijna elk jaar wel in de bergen. (rijden)

13 Mijn kinderen *vonden* het erg eng *gevonden* , (vinden) (*vonden*)

er *was* ook geen vangrail langs de weg. (zijn)

14 Het *lukte* ons met moeite om het

huis te bereiken. (lukken)

15 Voor elk uitstapje die week *moesten* we eerst een

halfuur op die rotweg rijden. (moeten)

16 Steeds *was* het erg spannend , (zijn)

vooral als je *moest* een andere auto *moet* passeren

. (moeten)

89

17 Dan _moest_ je vlak langs de rand van de afgrond _____

rijden _____ . (moeten)

18 Toch _hebben_ we ~~hebben~~ een heerlijke week _gehad_ . (hebben)

19 We _hebben_ prachtige dingen _gezien_ (zien) en

hebben van het mooie huis met zwembad _genoten_ . (genieten)

20 We _gaan_ er later nog weleens naartoe _____ . (gaan)

 Oefening 10

Schrijf een briefje aan de leraar van je zoon.

Je zoon kan vandaag niet meedoen aan de gymles, er is gisteren iets gebeurd waardoor hij niet kan gymmen. Je hebt vanmorgen eerst naar de school gebeld, maar toen was de meester er nog niet. Daarom schrijf je een briefje.

Beste meester Jaap,

Vandaag kan Farhad helaas niet meedoen aan de gymles.

Gisteren _____
Daar heeft hij nog steeds last van.
Vanmorgen _____

Maar uw collega zei dat _____

_____

Daarom schrijf ik u nu dit briefje.
Als u nog meer informatie wilt hebben, _____

_____

Met vriendelijke groet,

_____

Oefening 11

Schrijf zes sms'jes.

In de volgende situaties is er iets misgegaan en het lukt je niet om de persoon te bellen met wie je een afspraak hebt. Die neemt niet op. Je stuurt een sms'je.

1 Jullie hebben afgesproken om in de klas een lunch te houden. Jij zou drinken kopen. Het is je niet gelukt en je komt ook later. Je sms't iemand uit je groep.

2 Je zit in de trein. Jij zou jullie dochter van de crèche halen, maar de vergadering
  op je werk heeft veel langer geduurd dan je verwachtte. Je sms't je partner.

3 Je zou om negen uur bij je vriend zijn om hem te helpen verhuizen. Helaas werd
  je pas om halftien wakker.

4 Jij zou jezelf vandaag in je lesgroep presenteren met een schrijfopdracht over
  jezelf. Helaas is er van alles gebeurd waardoor je die opdracht niet kon maken. Je
  sms't je docent de avond voor de les.

5 Je hebt de auto van een vriend geleend. Rond deze tijd zou je hem terugbrengen.
  Helaas zit je met een lekke band op de wegenwacht te wachten.

6 Je was op weg naar het station, je was van plan de trein te nemen naar een
  vriend. Je bedacht je onderweg dat je je portemonnee was vergeten. Je hebt de
  trein gemist. Je vriend zou je van het station halen.

 Oefening 12

Schrijf een verjaardagskaart.

Je bent gisteren de verjaardag van de tante van je Nederlandse partner vergeten. Jullie
hebben afgesproken dat jij aan de verjaardagen denkt. Je stuurt haar alsnog een kaart.

Beste tante,

Alsnog gefeliciteerd met uw verjaardag.

Het spijt me dat _ik jouw verjaardag heb vergeten_

_____

Daar had ik wel een goede reden voor:

Ik had een tentamen op jouw verjaar-
dag en moest heel veel studeren.
Ik hoop dat _je niet boos met mij bent_
en dat mijn tentamen geslaagd was.
Binnenkort _gaan we jou al weer bezoeken_

_____

Hartelijke groet van _Leonel_

Oefening 13

Schrijf een mailtje.

Je bent weer terug van vakantie en wilt een afspraak maken met een vriendin.

 Oefening 14

Beschrijf iets wat echt is gebeurd. Kies één van de drie opdrachten:

1 Beschrijf iets uit je jeugd.
2 Beschrijf je eerste week in Nederland.
3 Beschrijf hoe je je huidige of een vroegere partner hebt ontmoet.

In de opdracht moeten naar voren komen:
- *Inleiding*: beschrijf de situatie.
- *Kern:*
  - Wat gebeurde er allemaal?
  - Hoe voelde je je?
  - Waar was je wel tevreden over of wat ging er goed?
  - Waar was je niet zo tevreden over, of wat ging er niet zo goed?
- *Slot:* trek een conclusie of maak een goed einde aan je verhaal.

 Oefening 15

Schrijf een fantasieverhaal van maximaal één A4'tje. Kies één van de vijf titels:

1 Een onmogelijke liefde
2 Vrijdag de dertiende (Volgens het bijgeloof is dit een dag vol pech.)
3 Toeval bestaat niet
4 Een portemonnee met € 500,–
5 Een onverwachte ontmoeting

6

verbindingswoorden

⚙ Soorten verbindingswoorden

Met **verbindingswoorden** geef je de **samenhang** (relatie) aan tussen een zin en de vorige of volgende zin. Ze zijn 'het cement' in je tekst. Zulke woorden geven bijvoorbeeld een reden of een tegenstelling aan.

Verbindingswoorden kunnen **voegwoorden** (conjuncties) zijn, zoals *omdat, maar, als*.

Het kunnen ook **bijwoorden** (adverbia) zijn, zoals *daarom, daarna, bovendien*. Ook **voorzetsels** (preposities) kunnen die functie hebben, zoals *sinds, na* en *ondanks*.

Dit hoofdstuk heeft verschillende delen met verbindingswoorden die bij elkaar horen wat betreft de betekenis.

We behandelen:

6.1 Voorwaarde, gewoonte en tijd (*als* en *toen*)

6.2 Een tijd aangeven

6.3 Een tegenstelling aangeven

6.4 Een reden aangeven

6.5 Oorzaak en gevolg aangeven

6.6 Vergelijkingen

6.1　Voorwaarde, gewoonte en tijd (*als* en *toen*)

 als = voorwaarde

Dit gebeurt één keer.

a　　*Als* ik op tijd klaar *ben*, (dan) *kom* ik nog even bij je langs.
　　　(*alleen dan, anders niet*)
b　　*Als* ik thuis *ben*, (dan) *bel* ik je meteen terug.
　　　(*op het moment dat ...*)

 als = gewoonte

Dit gebeurt vaker.

c　　*Als* ik op tijd thuis *ben*, (dan) *kook* ik altijd zelf.
　　　(*gewoonte*)
d　　*Als* ik slecht *geslapen heb*, (dan) *heb* ik de volgende dag hoofdpijn.
　　　(*gewoonte*)

Soms moet de betekenis van *als* uit de context duidelijk worden.
Bijvoorbeeld:
　　Als ik op tijd thuis *ben* van mijn werk, *ga* ik voor het eten nog even wandelen.
Dit kan een voorwaarde of een gewoonte zijn.

 toen = op het moment dat ..., in de periode dat ...

Dit is in het verleden.

e　　*Toen* ik *thuiskwam*, *heb* ik haar meteen *teruggebeld*.
　　　(*moment – vroeger*)
f　　*Toen* ik *thuiskwam*, *belde* ik haar meteen terug.
　　　(*moment – vroeger*)
g　　*Toen* ik een kind *was*, *woonden* we op een boerderij.
　　　(*periode – vroeger*)
h　　Ik *was* op de bank in slaap *gevallen*. *Toen ging* de telefoon.
　　　(*moment – vroeger*)

Toen wordt dus alleen voor een tijd in het verleden gebruikt en niet voor een voorwaarde of een gewoonte.

→ **Oefening 1**

Schrijf de tijden van de werkwoorden op.

Kijk naar de voorbeeldzinnen in het kader. In welke tijd staan deze werkwoorden?
Kies uit:

presens   (o.t.t. = onvoltooid tegenwoordige tijd)
imperfectum   (o.v.t. = onvoltooid verleden tijd)
perfectum   (v.t.t. = voltooid tegenwoordige tijd)
plusquamperfectum   (v.v.t. = voltooid verleden tijd)

Bijvoorbeeld:
Toen ik ziek *was, sliep* ik de hele dag.
= Toen + imperfectum, imperfectum

a Als + _____ , _____

b Als + _____ , _____

c Als + _____ , _____

d Als + _____ , _____

e Toen + _____ , _____

f Toen + _____ , _____

g Toen + _____ , _____

h _____ . Toen + _____

→ **Oefening 2**

Omcirkel: voorwaarde, gewoonte of kan beide.

1	Als ik weer beter ben, gaan we wandelen.	voorwaarde / gewoonte / kan beide
2	Als ik ontbijt, lees ik altijd de krant.	voorwaarde / gewoonte / kan beide
3	Als het mooi weer is, eten we buiten.	voorwaarde / gewoonte / kan beide
4	Als mijn zoon zijn rijbewijs heeft, mag hij onze auto lenen.	voorwaarde / gewoonte / kan beide
5	Als het mooi weer is, ga ik altijd op de fiets naar mijn werk.	voorwaarde / gewoonte / kan beide
6	Als het morgen mooi weer is, ga ik op de fiets naar mijn werk.	voorwaarde / gewoonte / kan beide
7	Als jij de boodschappen doet, zal ik koken.	voorwaarde / gewoonte / kan beide

8	Als ik de boodschappen moet doen, ga ik met de auto.	voorwaarde / gewoonte / kan beide
9	Als je me niet gelooft, vraag het dan maar aan hem.	voorwaarde / gewoonte / kan beide
10	Als ik klaar ben met een opdracht, controleer ik hem meteen.	voorwaarde / gewoonte / kan beide

als en toen zijn voegwoorden

Hoofdzin	Bijzin			
hoofdzin	*als/toen*	*onderwerp*	*rest*	*werkwoord(en)*
Ik ben erg ongerust geweest,	*toen*	je	niets	liet horen.
Hij moet het zelf doen	*als*	hij	geen hulp	wil hebben.

Je kunt ook met de bijzin beginnen:

Bijzin				Hoofdzin met inversie			
Als/ Toen	*onder- werp*	*rest*	*werk- woord(en),*	*persoons- vorm*	*onder- werp*	*rest*	*werk- woord(en)*
Als	ik	's avonds	heb gewerkt,	kan	ik	nooit meteen	slapen.
Toen	zij	ziek	was,	hebben	wij	haar	bezocht.

toen kan ook een bijwoord zijn

Toen betekent dan: daarna, op dat moment:

Hoofdzin	Hoofdzin met inversie			
	Toen	*persoonsvorm*	*onderwerp*	*rest*	*werkwoord(en)*
Het was stil in de kamer.	Toen	begon	de baby	ineens	te huilen.

→ Oefening 3

 Zet de juiste zinsdelen bij elkaar.

1	Toen ik zes jaar was,		a	toen ik een jaar of veertien was.
2	Toen ik eenmaal een bril had,		b	kreeg ik een bril.
3	Ik wilde geen bril meer dragen,		c	kun je lenzen krijgen.'
4	Toen vroeg ik aan mijn ouders		d	of ik lenzen mocht hebben.
5	Ze zeiden: 'Als je achttien bent,		e	wil ik mijn ogen laten laseren.
6	Als ik genoeg geld gespaard heb,		f	kon ik eindelijk goed op het bord kijken.

→ Oefening 4

Zet de woorden in de juiste volgorde.

1 toen – een jaar of twaalf – mijn zusje – een kat – was – wilde – ze – hebben – graag

2 Mijn moeder zei:
'als – zelf – je – voor die kat – zorgen – kunt – vinden – goed – we – dat'

3 'maar – alleen – als – het – is – een mannetje' Want mijn ouders wilden geen jonge katjes.

4 toen – kwam – in huis – er – een klein katje – en – groeide – hij – heel hard

5 toen – de kat – was – volwassen – werd – steeds dikker – hij – ook

6 toen – met de kat – bij de dierenarts – ze – kwamen – lachen – moest – die – heel erg

7 De kat bleek een vrouwtje te zijn!
toen – de jonge poesjes – waren – geboren – ze – hebben – we – weggegeven

8 als – geen jonge poesjes – wilt – je – kun – beter – je – een kat – laten steriliseren

 Oefening 5

Geef antwoord met *als* of *toen*, of met een tijdsaanduiding.

Bijvoorbeeld:

Wanneer ben je in Nederland gekomen?	– In 2003
	– Toen ik hier kwam werken.

1 Wanneer ben je te laat in de les gekomen?
2 Wanneer kook je niet zelf?
3 Wanneer geef je een feestje?

4 Wanneer ben je teleurgesteld?

5 Wanneer ga je weer terug naar je land?

6 Wanneer maak je geen huiswerk?

7 Wanneer stop je met deze oefeningen?

8 Wanneer praat je met je buren?

9 Wanneer heb je voor het laatst slecht geslapen?

10 Wanneer ben je voor het eerst naar de Nederlandse les geweest?

 Oefening 6

Maak de zinnen af.

1 Ik ga naar huis, als _____

2 Ik ging naar huis, toen _____

3 Ik word boos, als _____

4 Ik werd boos, toen _____

5 Je mag mijn laptop lenen, als _____

6 Hij mocht mijn laptop lenen, toen _____

_____

7 Als _____

_____, krijg ik hoofdpijn.

8 Toen _____

_____, kreeg ik hoofdpijn.

9 Als _____

_____, zal ik je meteen bellen.

10 Toen _____

_____, heb ik hem meteen gebeld.

11 Als ik op tijd thuis ben, _____

12 Toen ik thuiskwam, _____

13 Toen ik te laat op school kwam, _____

14 Als ik te lang achter de computer heb gezeten, _____

_____

15 Als _____ ,

_____

16 Toen _____ ,

_____

 De vraag met *Wanneer*

In een vraag komt het onderwerp altijd achter de persoonsvorm (inversie).

Hoofdzin met inversie

Wanneer	persoonsvorm	onderwerp	rest	werkwoord(en)
Wanneer	zullen	we	naar de film	gaan?

Oefening 7

Maak vragen bij de antwoorden. Let op de tijd van het werkwoord in het antwoord!

Je kunt de vragen in je schrift opschrijven of je kunt het werkblad vragen aan je docent.

1 Als ik niet hoef te werken.
2 Als ik geslaagd ben.
3 Als ik klaar ben met mijn werk.
4 Toen ik pas in Nederland woonde.
5 Toen ik nog geen Nederlands sprak.
6 Toen het zo koud was.
7 Als ik mijn salaris heb.
8 Toen ik mijn eerste salaris kreeg.

Oefening 8

 Maak vijf vragen voor een andere cursist met *Wanneer*.
Schrijf steeds zijn of haar antwoord eronder.

Vul het verhaaltje aan.

Ik was laatst op een avond alleen thuis.

Ik wilde net lekker een boek gaan lezen, toen _____

Ik zag dat het mijn tante was, die belde. Ik twijfelde: zal ik de telefoon opnemen of

niet?

Als ik opneem, _____

En dat duurt zo weer een uur.

Maar misschien is er echt wat aan de hand. Mijn tante is oud en woont alleen.

Als er iets gebeurd is, _____

Als _____,

krijg ik daar misschien spijt van.

Ik besloot de telefoon maar op te nemen.

'Ja, met tante, kun je even komen. Ik moet even iets met je bespreken.'

Ik besloot erheen te gaan. Toen ik bij haar aanbelde,

_____

_____

_____

_____

_____

Toen ik 's avonds weer thuis was, _____

_____

6.2   Een tijd aangeven

 Andere voegwoorden om tijd aan te geven

Er zijn nog meer **voegwoorden** om tijd aan te geven. De belangrijkste vind je in de
voorbeeldzinnen op de pagina hiernaast.

Hoofdzin

Hoofdzin	voegwoord	onderwerp	rest	werkwoord(en)
				Bijzin
Mijn man kookt,	nadat	hij	de boodschappen	heeft gedaan.
Mijn man kookt,	voordat	ik	van mijn werk	thuiskom.
Mijn man kookt,	terwijl	de kinderen	naar de tv	kijken.
Mijn man kookt al	sinds	we	met elkaar	zijn getrouwd.
Mijn man gaat koken,	zodra	hij	thuis	is.
Mijn man blijft in de keuken,	totdat	het eten	helemaal klaar	is.

Je kunt ook met de bijzin beginnen:

	voegwoord	onderwerp	rest	werkwoord(en),	persoonsvorm	onderwerp	rest	werkwoord(en)
	Bijzin				**Hoofdzin met inversie**			
a	Nadat	ik	mijn huiswerk	heb gemaakt,	ga	ik	naar die film	kijken.
b	Nadat	mijn zus	mij	had gebeld,	voelde	ik	me veel beter.	
c	Voordat	ik	naar huis	ga,	bel	ik	mijn man even.	
d	Voordat	ik	naar huis	ging,	had	ik	mijn man even	gebeld.
e	Terwijl	we	naar de film	kijken,	zitten	we	meestal chips	te eten.
f	Terwijl	hij	naar de film	keek,	is	hij	in slaap	gevallen.
g	Sinds	ik	in Nederland	woon,	moet	ik	om zes uur	eten.
h	Sinds	ik	in Nederland	woon,	heeft	ze	me niet meer	gebeld.

Schrijf de tijden van de werkwoorden op.

Kijk naar de voorbeeldzinnen op blz. 101. In welke tijd staan deze werkwoorden?
Kies uit:

presens   (o.t.t. = onvoltooid tegenwoordige tijd)
imperfectum   (o.v.t. = onvoltooid verleden tijd)
perfectum   (v.t.t. = voltooid tegenwoordige tijd)
plusquamperfectum   (v.v.t. = voltooid verleden tijd)

Bijvoorbeeld:
Nadat het hard *geregend had, waren* alle planten kapot.
= Nadat + *plusquamperfectum, imperfectum*

a   Nadat + _____ , _____

b   Nadat + _____ , _____

c   Voordat + _____ , _____

d   Voordat + _____ , _____

e   Terwijl + _____ , _____

f   Terwijl + _____ , _____

g   Sinds + _____ , _____

h   Sinds + _____ , _____

Voorzetsels (preposities) van tijd

- Hij woont *sinds* 2010 in Nederland.
- De les duurt *van* 13.00 *tot* 16.00.
- *Om* 16.00 ga ik snel naar huis.
- De les is *op* woensdag en donderdag.
- Hij is *in* 2010 in Nederland gekomen, *op* 1 maart.
- Hij gaat *over* twee weken op vakantie.
- *Voor* de les haal ik koffie in de kantine.
- *Na* de les moet ik boodschappen doen.
- *Tijdens* de les bespreken we het huiswerk.

Let op: *sinds*, *tot* en *voor* kunnen een **voorzetsel** en een **voegwoord** zijn.

■ Hij is *sinds* 2010 in Nederland. /

Ik heb mijn familie niet meer gezien, *sinds* ik in Nederland ben.

■ Hij blijft *tot* de zomer hier. /

Hij blijft bij zijn vriendin wonen, *tot(dat)* hij weer naar Italië teruggaat.

■ Bel me even *voor* de les. /

Bel me even, *voor* je naar huis komt.

➡ **Oefening 11**

🖱 **Zet de juiste zinsdelen bij elkaar.**

1	Sinds ik een cursus Nederlands volg,	a	maandag, woensdag en vrijdag.
2	De les is drie keer per week, op	b	loop ik naar de bushalte.
3	De les is altijd van	c	breng ik mijn kind eerst naar school.
4	Voordat ikzelf naar school ga,	d	negen uur tot twaalf uur.
5	Nadat ik mijn kind naar school gebracht heb,	e	wil ik vragen wat ik niet goed begrepen heb.
6	Terwijl ik in de bus zit,	f	volg ik 's ochtends een vast programma.
7	Want tijdens de les	g	na de les.
8	Voor de les	h	haal ik nog even koffie in de kantine.
9	Meestal ben ik wel moe	i	over twee weken.
10	Gelukkig hebben we vakantie	j	kijk ik nog even mijn huiswerk na.

➡ **Oefening 12**

🖱 **Zet de woorden in de juiste volgorde.**

1 over twee weken – mijn dochter – zes jaar – wordt

2 op zaterdag – we – een kinderfeestje – willen – geven

3 sinds – naar de basisschool – ze – gaat – vindt – ze – dat – heel normaal

4 voordat – komen – de kinderen – we – heel wat – organiseren – moeten

5 tijdens het feestje – er – een goochelaar – is

6 voordat – die goochelaar – gaat – optreden – mijn dochter – alle cadeautjes – uitpakken – moet

7 terwijl – kijken – de kinderen – naar zijn optreden – ik – de taart – snijden – kan

8 nadat – afgelopen – het feestje – moeten – we – thuisbrengen – alle kinderen – is

9 daarna – ook nog – alle rommel – we – moeten – opruimen

10 na het feestje – mijn dochter – doodmoe – is – maar – ook – ik

Maak de zinnen af.

1 Voordat ik 's avonds naar bed ga, _____

   _____

2 Voordat ik in Nederland kwam, _____

   _____

3 Nadat mijn vader gebeld had, _____

   _____

4 Nadat we het huiswerk besproken hebben, _____

   _____

5 Terwijl ik zat te bellen, _____

   _____

6 Terwijl ik sliep, _____

7 Sinds ik in Nederland woon, _____

   _____

8 Sinds ik een cursus volg, _____

   _____

9 Voordat _____

   _____, moet je me even bellen.

10 Voordat _____

   _____, heb ik hem gebeld.

11 Nadat _____

   _____, heb ik vaak aan hem gedacht.

12 Nadat _____

   _____, wil ik hem niet meer zien.

13 Terwijl _____, luister ik naar muziek.

14 Terwijl _____

   _____, dacht ik aan andere dingen.

15 Sinds _____

_____ , ben ik vaak verkouden.

16 Sinds _____ , slaapt hij erg slecht.

17 _____

_____ , heeft zij ruzie met haar buren.

18 _____

_____ , drink ik meestal een kop koffie.

19 Na de les _____

20 Voor de les _____

21 Tijdens de les _____

22 Sinds 2008 _____

23 Het telefonisch spreekuur is van _____

24 Ik ga meestal _____ naar bed.

 Oefening 14

Schrijf een stukje over jouw schoolervaring in Nederland.

Gebruik de antwoorden op de volgende vragen. Maak er wel een verhaaltje van.

- Sinds wanneer ben je in Nederland?
- Wanneer ben je met deze cursus begonnen?
- Had je al Nederlands geleerd, voordat je met deze cursus begon?
- Wanneer heb je les?
- Werk je ook, terwijl je deze cursus volgt?
- Wil je nog verdergaan met Nederlands, nadat je met deze cursus klaar bent?
- Wat wil je gaan doen, als je genoeg Nederlands spreekt?

 Oefening 15

Hoe ziet bij jou een zondag eruit? Schrijf dat op.

Bijvoorbeeld:
Eerst slaap ik uit tot tien uur. Dan gaan mijn partner en ik rustig ontbijten. Om een uur of elf ga ik onder de douche. Daarna gaan we koffiedrinken. Enzovoort.

105

⚙ (Voeg)woorden om een tegenstelling aan te geven

Hoofdzin

		Hoofdzin			
	voegwoord	onderwerp	persoonsvorm	rest	werkwoord(en)
Hij is gisteren ziek geweest,	maar	hij	heeft	al het huiswerk	gemaakt.

Hoofdzin

		Bijzin		
	voegwoord	onderwerp	rest	werkwoord(en)
Hij heeft al het huiswerk gemaakt,	hoewel	hij	gisteren ziek	is geweest.

		onderwerp	rest	werkwoord(en)
	voegwoord			
Hij maakt altijd al het huiswerk,	terwijl	hij	ook een drukke baan	heeft.

Je kunt ook met de bijzin beginnen:

Bijzin   **Hoofdzin met inversie**

voegwoord	onderwerp	rest	werkwoord(en),	persoonsvorm	onderwerp	rest	werkwoord(en)
Hoewel	hij	ziek	is geweest,	heeft	hij	al het huiswerk	gemaakt.
Terwijl	hij	ziek	is geweest,	heeft	hij	al het huiswerk	gemaakt.

Hoofdzin	Hoofdzin met inversie				
	bijwoord	persoonsvorm	onderwerp	rest	werkwoord(en)
Hij is ziek geweest.	Toch	heeft	hij	al het huiswerk	gemaakt.
Hij komt morgen wel weer.	Alleen	heeft	hij	het huiswerk niet	gemaakt.

(*Alleen* kan ook zonder inversie: Alleen hij heeft het huiswerk niet gemaakt.)

Hoofdzin	Hoofdzin met inversie				
	bijwoord	persoonsvorm	onderwerp	rest	werkwoord(en)
Je moet het huiswerk maken.	Anders	kun	je	de les niet goed	volgen.

Hoofdzin met inversie

voorzetsel	(lidwoord)	substantief	persoonsvorm	onderwerp	rest	werkwoord(en)
Ondanks	de	regen	gaat	hij	wel	wandelen.

Let op: *ondanks* is een voorzetsel!

Let op: de woorden *toch, anders, alleen* en *ondanks* kun je natuurlijk ook midden in de zin zetten, *bijvoorbeeld*:

- Hij gaat *toch* zijn eigen gang.
- Je moet hem *anders* maar even bellen.
- We gaan *ondanks* de regen wel wandelen.

Zet de juiste zinnen en zinsdelen bij elkaar.

1 Ondanks zijn slechte conditie   a   Toch wil hij zondag een marathon lopen.

2 Hij wil zondag een marathon lopen.   b   Maar hij wil wel zondag een marathon lopen.

3 Hij heeft niet veel getraind.   c   hoewel hij pas ziek is geweest.

4 Je moet veel trainen,   d   heeft hij toch de marathon uitgelopen.

5 Hoewel hij niet veel getraind had,   e   anders kun je de marathon niet uitlopen.

6 Hij is pas ziek geweest.   f   wil hij een marathon lopen.

7 Hij traint hele dagen voor de marathon,   g   terwijl zijn vrouw thuiszit met de kinderen.

8 Hij heeft de hele marathon gelopen,   h   alleen heeft hij wel veel spierpijn nu.

 Zet de woorden in de juiste volgorde.

1 Nurhan – leert – de taal – snel – weinig vooropleiding – heeft – terwijl – ze

2 hoewel – woont – ze – al twintig jaar – in Nederland – spreekt – bijna – geen Nederlands – ze

3 Ze woont al twintig jaar in Nederland – naar school – maar – ze – nooit – geweest – is

4 ondanks – wil – toch – ze – haar hoge leeftijd – leren – Nederlands

5 Je moet wel naar school – leer – je – anders – niet goed – de taal

6 Ze is drie jaar naar school geweest.
toch – de taal – nog niet goed – heeft – ze – geleerd

Maak de zinnen af.

1 Ik wil wel op je verjaardag komen, maar _____

_____

2 We moeten een nieuwe wasmachine kopen, maar _____

_____

3   Ik heb haar geprobeerd te bellen, maar _____

_____

4   Ik ga zaterdag naar die verjaardag, hoewel _____

_____

5   We kopen een nieuwe tv, hoewel _____

_____

6   Ik heb een heel eind gewandeld, hoewel _____

_____

7   Hij zit elke avond in de kroeg, terwijl _____

_____

8   Ik zit hier lekker in de zon, terwijl _____

_____

9   Je hebt de laatste koffie opgemaakt, terwijl _____

_____

10 Hoewel _____,
    gaat ze wel naar school.

11 Hoewel _____,
    kom ik niet op school.

12 Hoewel _____,
    ben ik niet echt blij.

13 Hoewel het de hele dag regende, _____

_____

14 Hoewel ik niet veel had getraind, _____

_____

15 _____,
    hoewel ik dat erg vervelend vind.

16 _____,
    hoewel hij het erg druk had.

17 _____,
    terwijl ik van niets wist.

18 _____ ,
   terwijl ik eigenlijk geen tijd heb.

19 Zij heeft een drukke baan. Toch _____

   _____

20 Hij woont al tien jaar naast me. Toch _____

   _____

21 Er waren veel mensen op het feest. Toch _____

   _____

22 Je moet wel gezond eten. Anders _____

   _____

23 Je moet het inschrijfformulier op tijd inleveren. Anders _____

   _____

24 Wil je me even bellen als je geland bent? Anders _____

   _____

25 Ondanks haar slechte gezondheid _____

   _____

26 Ondanks de ruzie met haar man _____

   _____

27 Ondanks _____
   komt ze wel naar school.

28 Ondanks _____
   hebben we de hele dag gewandeld.

29 Zij _____
   ondanks die ruzie.

30 Ik heb aardige buren. Toch _____

   _____

31 Ik heb aardige buren. Maar _____

   _____

32 Hoewel ik aardige buren heb, _____

   _____

33 Ondanks de economische crisis _____

_____

34 Hoewel er een economische crisis is, _____

_____

35 _____,

terwijl er een economische crisis is.

Oefening 19

Geef antwoord op de vragen.

Bedenk een antwoord met: Ja, maar … of: Nee, maar …
Bijvoorbeeld: Kom je morgen op school?
         Ja, maar ik kom wat later. / Nee, maar ik bel je wel voor het huiswerk.
Je hoeft de antwoorden niet op te schrijven.

1 Wil je dit jaar examen doen?
2 Ken je jouw buren?
3 Wil je na deze cursus nog een opleiding gaan volgen?
4 Maak je je huiswerk altijd?
5 Zullen we vanavond uit eten gaan?
6 Heb je tijd om morgen langs te komen?
7 Ga je vooruit met Nederlands?
8 Heb je in Nederland weleens gewerkt?

Oefening 20

Maak de zinnen af.

Je bent aan deze cursus begonnen, maar je vindt misschien niet alles leuk of makkelijk.

1 Ik volg deze cursus, maar _____

_____

2 Ik probeer altijd wel mijn huiswerk te doen. Toch _____

_____

3 Ik heb wel veel geleerd, hoewel _____

_____

Schrijf een tekst.

Wat vind je van de Nederlandse eetgewoontes? Wat vind je leuk, lekker, raar, enzovoort. Probeer verschillende kanten te belichten.

6.4 Een reden aangeven

Een reden aangeven

Hoofdzin	Hoofdzin				
	voegwoord	*onderwerp*	*persoonsvorm*	*rest*	*werkwoord(en)*
Ik ga naar school,	want	ik	wil	Nederlands	leren.

Hoofdzin	Bijzin			
	voegwoord	*onderwerp*	*rest*	*werkwoord(en)*
Ik ga naar school,	omdat	ik	Nederlands	wil leren.

Bijzin				Hoofdzin met inversie		
voegwoord	*onder-werp*	*rest*	*werk-woord(en),*	*persoonsvorm*	*onderwerp*	*rest*
Omdat	ik	Nederlands	wil leren,	ga	ik	naar school.

Hoofdzin	Hoofdzin met inversie				
	bijwoord	*persoons-vorm*	*onder-werp*	*rest*	*werk-woorden(en)*
Ik leer Nederlands.	Daarom	moet	ik	ook veel huiswerk	maken.

Let op:

Daarom kun je natuurlijk ook midden in de zin zetten.

- Ik ben moe. Ik blijf *daarom* vanavond thuis.

Je kunt ook een reden aangeven met *Dat komt omdat* ...

- Ik ben erg moe. *Dat komt omdat* ik te laat naar bed ben gegaan.

(Na *omdat* komt dan een **bijzin**.)

Oefening 22

Zet de juiste zinnen en zinsdelen bij elkaar.

1 Ik moet vandaag wat eerder naar huis, a omdat ik erg veel last van mijn rug heb.

2 Ik ga vanmiddag even naar de dokter, b omdat ik vandaag eerder uit de les wegga.

3 Ik heb veel last van mijn rug. c Daarom kan ik beter geen zware dingen tillen.

4 Mijn dokter is volgende week op vakantie. d want ik had vreselijke pijn in mijn rug.

5 Ik bel je vanavond even over het huiswerk, e Daarom heb ik die afspraak voor vanmiddag gemaakt.

6 Ik heb vannacht erg slecht geslapen, f Dat komt omdat ik pas ben verhuisd.

7 Ik heb te veel zware spullen getild. g want ik heb een afspraak bij de dokter.

Oefening 23

Zet de woorden in de juiste volgorde. Begin met het zinsdeel met de hoofdletter.

1 Ik moet vandaag veel boodschappen doen, want – krijg – ik – gasten – vanavond – te eten

2 Omdat – bij hen – bijzonder – het eten – is – ook altijd – ik – koken – wil – wel – iets lekkers

3 Dat is ook logisch, want – hij – als kok – werkt – in een restaurant

4 Daarom – ik – iets – wil – koken – wat niet kan mislukken

5 Dat zal nog moeilijk zijn, omdat – ikzelf – helemaal niet zo goed – koken – kan

6 Maar misschien is hij niet zo kritisch, want – hij – wel een aardige man – is

7 Bovendien heb ik niet zo veel tijd, omdat – het huis – ook nog – ik – schoonmaken – moet

8 Daarom – ik – bestel – misschien – maar gewoon – pizza's

Oefening 24

Maak de zinnen af.

1 Ik kom morgen niet, want _____

_____

2 Ik ga die cursus niet doen, want _____

_____

113

3 Zij gaat weg bij haar man, want _____

_____

4 Ik heb het huiswerk niet gemaakt, omdat _____

_____

5 Zij is boos op mij, omdat _____

_____

6 Ze hebben ruzie, omdat _____

_____

7 Omdat _____,
wil ze vanavond thuisblijven.

8 Omdat _____,
vier ik mijn verjaardag niet.

9 Omdat _____,
gaan we vanavond uit eten.

10 Omdat hij niet naar mij geluisterd heeft, _____

_____

11 Omdat het de hele dag geregend heeft, _____

_____

12 Omdat mijn zus morgen jarig is, _____

_____

13 Ze kunnen mijn auto niet meer repareren. Daarom _____

_____

14 Ik stond altijd uren per dag in de file. Daarom _____

_____

15 De trein had een halfuur vertraging. Daarom _____

_____

16 _____
Dat komt omdat hij te veel heeft gedronken.

17 _____
Dat komt omdat ze te veel lessen heeft gemist.

18 Ik kan niet naar school vandaag. Dat komt omdat _____

_____

19 Ik kon je gisteren niet bellen. Dat kwam omdat _____

_____

20 We blijven zondag thuis, want _____

_____

21 Ik stop met de cursus, omdat _____

_____

22 Omdat hij hard gestudeerd heeft, _____

_____

23 We gaan dit jaar niet op vakantie, want _____

_____

24 Hij heeft zondag de tandarts gebeld, omdat _____

_____

25 Omdat _____,
    krijg je deze bloemen.

26 Ik weet het huiswerk voor morgen niet. Daarom _____

_____

27 Omdat je zo hard gewerkt hebt, _____

_____

28 Ik bel je even, omdat _____

■ **Oefening 25**

Waarom volg je deze cursus? Geef minstens twee redenen.

Ik volg deze cursus, _____

_____

_____

_____

De vraag met *Waarom*

Hoofdzin met inversie

Waarom	persoonsvorm	onderwerp	rest	werkwoord(en)
Waarom	heb	je	dat niet	verteld?

 Oefening 26

 Zet de woorden in de vragen in de juiste volgorde.

1 Waarom – je – vandaag – blijf – thuis
2 Waarom – we – hebben – volgende week – geen les
3 Waarom – heb – me – je – niet even – gebeld
4 Waarom – hij – nooit – is – getrouwd
5 Waarom – zij – praten – met elkaar – niet meer

 Oefening 27

Geef nu antwoord op de vragen uit oefening 26.

 Oefening 28

Maak vragen bij de antwoorden.

Je kunt de vragen in je schrift opschrijven. Of je kunt het werkblad vragen aan je docent.

1 Omdat ik ziek ben geweest.
2 Omdat we volgende week vrij hebben.
3 Omdat het de hele dag blijft regenen.
4 Omdat ze een Nederlandse man heeft.
5 Omdat hij veel aan sport doet.
6 Omdat haar bloeddruk te hoog is.
7 Omdat ze veel te zwaar is.
8 Omdat er griep heerst.

 Oefening 29

 Maak vier vragen met 'Waarom' voor je buurman of buurvrouw.

Schrijf daarna zijn of haar antwoord eronder.

6.5   Oorzaak en gevolg aangeven

⚙ Oorzaak en gevolg

Hoofdzin	Bijzin			
	voegwoord	*onderwerp*	*rest*	*werkwoord(en)*
De plant is doodgegaan,	*doordat*	hij	geen water	heeft gekregen.
De plant is doodgegaan,	*omdat*	hij	geen water	heeft gekregen.

Hoofdzin	Bijzin			
	voegwoord	*onderwerp*	*rest*	*werkwoord(en)*
De plant heeft geen water gekregen,	*zodat*	hij	al snel	dood is gegaan.

Je kunt ook met de bijzin beginnen:

Bijzin				Hoofdzin met inversie			
voegwoord	*onder-werp*	*rest*	*werk-woord(en),*	*persoons-vorm*	*onder-werp*	*rest*	*werk-woord(en)*
Doordat	de plant	geen water	heeft gekregen,	is	hij	al snel	doodgegaan.
Omdat	de plant	geen water	heeft gekregen,	is	hij	al snel	doodgegaan.

Let op: een zin kun je niet beginnen met *zodat*.

Hoofdzin	Hoofdzin met inversie			
	bijwoord	*persoons-vorm*	*onder-werp*	*rest*	*werkwoord(en)*
De plant heeft geen water gekregen.	*Daardoor*	is	hij	al snel	doodgegaan.

Hoofdzin	Hoofdzin				
	bijwoord	*onder-werp*	*persoons-vorm*	*rest*	*werkwoord(en)*
Al je planten zijn doodgegaan.	*Dus*	je	moet	er beter voor	zorgen.

Hoofdzin met inversie							
voorzetsel	*(lid-woord)*	*(adjec-tief)*	*substantief*	*persoons-vorm*	*onderwerp*	*rest*	*werkwoord(en)*
Door	de	hete	zomer	zijn	veel planten	in de tuin	doodgegaan.
Dankzij	de		routeplanner	kon	ik	het adres	vinden.
Wegens			vakantie	is	de winkel	in juli	gesloten.

▶

117

Let op

1 *Door/dankzij/wegens* zijn voorzetsels!
- Er zijn *door* de hete zomer veel planten in de tuin doodgegaan.

2 *Dus* kun je met of zonder inversie gebruiken:
- *Dus* je moet er beter voor zorgen. / *Dus* moet je er beter voor zorgen.

3 *Door* en *daardoor* kun je natuurlijk ook midden in de zin zetten.
- Het was een hete zomer. Er zijn *daardoor* veel planten doodgegaan.

4 Je kunt ook een oorzaak aangeven met *Dat komt doordat* ...
- Ik heb een lekke band. *Dat komt doordat* ik door glas ben gereden.
  (Na *doordat* komt dan een bijzin.)

5 In plaats van *daardoor* kun je ook *hierdoor* gebruiken.
Daardoor = door dat feit; *hierdoor* = door dit feit.
- De docent is al een paar weken ziek.   *Daardoor* hebben we veel lessen gemist.
                                           Hierdoor hebben we veel lessen gemist.

➡ Oefening 30

 Zet de juiste zinnen en zinsdelen bij elkaar.

1 Het was glad op de weg.   a dus ik kwam te laat op mijn werk.

2 Er waren veel ongelukken gebeurd, b zodat er lange files ontstonden.

3 Door de gladheid   c Daardoor gebeurden er veel ongelukken.

4 Iedereen moest langzaam rijden,   d Dat kwam doordat er veel ongelukken
                                        waren gebeurd.

5 Er stonden lange files.   e gebeurden er veel ongelukken.

6 Ik had lang in de file gestaan,   f doordat het glad was op de weg.

➡ Oefening 31

 Zet de woorden in de juiste volgorde. Begin met het zinsdeel met de hoofdletter.

Afgelopen winter reed mijn vriendin Marianne een keer van haar werk naar huis.
Er lag toen al een paar weken sneeuw. Die middag had het weer gesneeuwd.

1 Daardoor – de weg – erg glad – was

2 Het was aan het eind van de middag, dus – laag aan de hemel – de zon – stond

3 Doordat – de zon – scheen – op de gladde weg – ze – slecht zicht – had

Plotseling moest ze remmen, de auto's voor haar remden ook.

4 Door het slechte zicht – veel automobilisten – remden – te laat

5 Door de gladde weg – veel auto's – ook – in een slip – raakten

6 Ook Marianne raakte in een slip, doordat – zo hard – remmen – ze – moest

7 Door de slip – haar auto – ze – niet meer onder controle – had

8 Daardoor – de auto – vlak bij het kanaal – kwam – terecht

9 Gelukkig kwam de auto tot stilstand – doordat – tegen een boom – hij – botste

10 Marianne had niks. Maar – besloot – winterbanden – ze – door dit ongeluk – aan te schaffen

Oefening 32

Maak de zinnen af.

1 Doordat het hard had geregend, _____

_____

2 Doordat ik mijn bril vergeten was, _____

_____

3 Doordat ik mijn sleutels kwijt ben, _____

_____

4 _____

_____, doordat ik geen huiswerk heb gemaakt.

5 _____

_____, doordat ik slecht geslapen heb.

6 Doordat _____, komt zij steeds te laat.

7 Doordat _____,

ben ik zijn verjaardag vergeten.

8 Doordat _____,

werd mijn buurman erg boos.

9 Hij is gestopt met roken, zodat _____

_____

10 Ze maakt altijd haar huiswerk, zodat _____

_____

11 Hij heeft zijn been gebroken, zodat _____

_____

12 _____

_____, zodat ik geen geld meer op kon nemen.

13 _____

_____, zodat de boom in mijn tuin omgewaaid is.

14 Hij was vergeten onze afspraak af te bellen. Daardoor _____

_____

15 De trein had een halfuur vertraging. Daardoor _____

_____

16 Mijn moeder is van de trap gevallen. Daardoor _____

_____

17 _____

_____. Daardoor was ze te laat.

18 _____

_____. Daardoor kon ze niet komen.

19 Door het slechte weer _____

_____

20 Door zijn slechte gezondheid _____

_____

21 Dankzij mijn vaders goede advies _____

_____

22 Door _____

_____ is hij zijn baan kwijtgeraakt.

23 Door _____

_____ ontstond er een lange file.

24 Doordat _____

_____ , ben ik wat later.

25 Haar kind is erg ziek geweest, doordat _____

_____

26 Haar kind is erg ziek geweest, zodat _____

_____

27 Haar kind is erg ziek geweest. Daardoor _____

_____

28 Haar kind is erg ziek geweest. Dus _____

_____

29 _____

_____ . Dat komt doordat haar kind erg ziek is geweest.

30 Door _____

_____ is haar kind erg ziek geweest.

 Oefening 33

Maak de brief af.

Je dochter Lisa moet morgen een spreekbeurt houden. Ze was er hard mee aan het
werk, maar de computer crashte. Maak het briefje voor haar leraar af (zie blz. 122).

Geachte heer De Boer,

Lisa zou vandaag haar spreekbeurt houden. Ze was de spreekbeurt gisteren aan het voorbereiden. Maar toen crashte haar computer.

Daardoor _____

_____

Ik wil u nu vragen of ze haar spreekbeurt volgende week mag doen, zodat _____

_____

Met vriendelijke groet,

_____

6.6 Vergelijkingen

⚙ Trappen van vergelijking

Naast mij woont een Pools gezin. Ze hebben vier kinderen.
De oudste is een meisje. Zij heet Natalja en ze is vijftien jaar.
Dan komt er een tweeling, twee jongens: Alex en Marcin. Ze zijn twaalf jaar.
De jongste is weer een meisje. Zij heet Aga en ze is tien jaar.
Natalja is *de oudste* dochter.
Alex *is even oud als* Marcin.
De tweeling is twee jaar *ouder dan* Aga.
Aga is *de jongste* van het gezin.
Alex ziet er *hetzelfde* uit *als* Marcin.
Maar het karakter van Alex is wel *anders dan* dat van Marcin.

Sommige zinnen kun je ook anders zeggen:
Natalja is *de oudste dochter*. = Natalja is *het oudst*.
Aga is *de jongste* van het gezin. = Aga is *het jongst*.
Alex *is even oud als* Marcin. = Alex en Marcin *zijn even oud*. Of: Alex is *net zo oud als* Marcin.
Alex ziet er *hetzelfde* uit *als* Marcin. = Alex en Marcin zien er *hetzelfde* uit.

oud*er* noemen we **de vergrotende trap** (comparatief)
oud*st* noemen we **de overtreffende trap** (superlatief)

Regelmatig:

oud – ouder – het oudst

warm – warmer – het warmst

Let op:

dik – di**kk**er – het dikst

(twee medeklinkers na de korte klank; zie deel 2, hoofdstuk 5 – spelling)

groot – gr**o**ter – het grootst

(één klinker in een open lettergreep; zie deel 2, hoofdstuk 5 – spelling)

duur – duur**d**er – het duurst

(een *d* na de *r* in de vergrotende trap)

Onregelmatig:

veel – meer – het meest

weinig – minder – het minst

graag – liever – het liefst

goed – beter – het best

Bijvoorbeeld:

☐ Hij spreekt *goed* Engels, maar hij spreekt nog *beter* Spaans.

(Voeg)woorden van vergelijking

☐ Hij loopt *als* zijn vader. / Hij loopt *zoals* zijn vader.

☐ Hij loopt *net als* zijn vader. / Hij loopt *net zoals* zijn vader.

Bijzin				Hoofdzin				
voeg-woord	onder-werp	rest	persoons-vorm,	persoons-vorm	onder-werp	rest		werk-woord(en)
Zoals	jullie	allang	weten,	moet	je	huiswerk		maken.

Hoofdzin	Bijzin			
	voegwoord	*onderwerp*	*rest*	*werkwoord(en)*
Je moet op tijd beginnen,	*zoals*	ik	al vaker	heb gezegd.
Hij gedraagt zich,	*alsof*	hij	hier de baas	is.

Zet de juiste zinsdelen bij elkaar.

√1 Rotterdam is groter   a net als Rotterdam.

√2 Amsterdam is de grootste stad   b dan Utrecht.

√3 Zoals je weet   c als Groningen.

√4 Je moet niet doen alsof   d van Nederland.

√5 Friesland is ongeveer even groot   e wonen er in Nederland 16 miljoen mensen.

√6 Amsterdam ligt in de Randstad,   f je dat nooit gehoord hebt.

√7 In Zuid-Limburg lijkt het een beetje   g als Nederland.

√8 Luxemburg heeft bijna dezelfde vlag   h alsof je in het buitenland bent.

√9 Luxemburg is veel kleiner   i dan Nederland.

 Zet de woorden in de juiste volgorde. Let op de betekenis van de zin!

1 zoals – weet – je – Nederland – heeft – vier seizoenen

2 de winter – het koudste – is – van de vier seizoenen

3 in de zomer – het – warmer – dan – in de lente – is

4 de temperatuur in de lente – is – gemiddeld – ongeveer even hoog – als – in de herfst

5 in de lente – de dagen – steeds langer – worden

6 het woord 'lente' – op – het woord 'lengte' – lijkt

7 in de winter – de dagen – korter – duren – dan – de nachten

8 rond 21 december – de dag – duurt – van het hele jaar – het kortst

9 soms – lijkt – in de winter – het – alsof – het – niet licht – wordt – de hele dag

10 Een Nederlands spreekwoord is: 'Als de dagen gaan lengen, begint de winter te strengen.' Dat betekent:

    als – de dagen – na 21 december – langer – worden – het – kouder – meestal – wordt

Maak de zinnen af.

1 Bij Albert Heijn zijn de boodschappen duurder *dan bij jumbo*

2 De boodschappen zijn het goedkoopst ~~bij A&di~~ op het marker

3 De C1000 is even duur *als de B1000*

4 Nederland is kleiner *dan duitsland.*

5 De hoogste toren *in Groningen is de Martini toren*

6 Hij praat zoals _____

7 Ik ben even oud _____

8 Ik ben jonger *dan mijn broer en zus*

9 De jongste van ons gezin *ben ik geweest maar nu is het mijn collein.*

10 Ik vind Nederlands moeilijker *dan frans*

11 Hij is net zo oud *als mij.*

12 Zoals je weet _____

13 Zoals je ziet _____

14 Hij doet alsof *hij dat nooit weet*

15 Je moet niet doen alsof *je dat nooit weet.*

16 Ik kan beter *dansen* dan *zingen*

17 De taal die ik het beste spreek *is Engels*

18 Ik eet liever *aardappels* dan *pasta*

Oefening 37

Geef antwoord in hele zinnen.

1 Wie is de jongste in jouw groep, denk je?

2 Komt er iemand uit hetzelfde land als jij? *vrouw van ons*

3 Was je vandaag later of eerder dan de docent in de klas? *eerder*

4 Wie komt meestal het laatst in de les?

5 Naast wie zit je het vaakst?

6 Zijn er meer mannen of meer vrouwen in de groep?

7 Wie heeft de minste lessen gemist, denk je?

8 Ben je beter in spreken of in schrijven? *spreken*

9 Welke vaardigheid kun je het beste? (lezen, schrijven, spreken, luisteren)

10 Zit je liever achter de computer of in de les met de docent? *les*

11 Werk je liever alleen of samen?

12 Wat doe je het liefst in de les? *oefeningen.*

Oefening 38

Schrijf een tekst.

Vergelijk je kinderen met elkaar. Of: vergelijk je broers en zussen met elkaar.
Of: kies een ander gezin dat je goed kent en vergelijk de broers en zussen met elkaar.

Bijvoorbeeld:
Mijn zoon Maarten is de oudste. Hij is vier jaar ouder dan zijn broer Thijs.

 Oefening 39

Schrijf een tekst.

Je wilt een huis kopen. Je moet eerst beslissen waar. Je twijfelt tussen een huis in een stad of een huis in een dorp. Woon je nu in een stad? Zet voor jezelf de voordelen en de nadelen van een stad op een rijtje. Woon je nu in een dorp? Zet voor jezelf de voordelen en de nadelen van een dorp op een rijtje. Trek daarna een conclusie: waar woon je het liefst?

7

indirecte rede

Vergelijk de volgende dialogen.

Eerste tekst

Vishal *zegt*: '*Ik vind* de spelling van het Nederlands erg moeilijk.'
De docent *vraagt*: '*Vind je* de spelling van het Engels dan niet moeilijk?'
Vishal *zegt*: 'Engels *is mijn* tweede taal. *Ik heb* in India goed Engels *geleerd*.'
Vishal *vraagt*: 'Hoe *kan ik* de spelling van het Nederlands goed *leren*?'
De docent *zegt*: '*Je kunt* de belangrijkste regels *leren*.'

Tweede tekst

Vishal *zegt dat hij* de spelling van het Nederlands erg moeilijk *vindt*.
De docent *vraagt of hij* (Vishal) de spelling van het Engels dan niet moeilijk *vindt*.
Vishal *zegt dat* Engels *zijn* tweede taal *is*. En dat *hij* in India goed Engels *heeft geleerd*.
Vishal *vraagt hoe* hij de spelling van het Nederlands goed *kan leren*.
De docent *zegt dat* hij (Vishal) de belangrijkste regels *kan leren*.

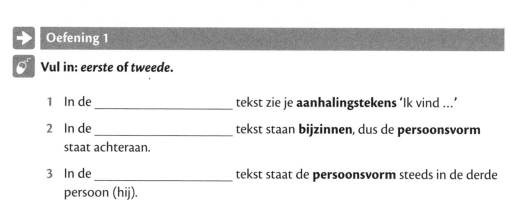

Oefening 1

Vul in: *eerste* **of** *tweede*.

1 In de _____ tekst zie je **aanhalingstekens** 'Ik vind ...'

2 In de _____ tekst staan **bijzinnen**, dus de **persoonsvorm** staat achteraan.

3 In de _____ tekst staat de **persoonsvorm** steeds in de derde persoon (hij).

4 De _____ tekst noemen we **de directe rede.**

5 De _____ tekst noemen we **de indirecte rede.**

⚙ Indirecte rede

Hoofdzin		Bijzin		
	dat/of/ vraag- woord	onder- werp	rest	werkwoord(en)
Vishal zegt	dat	hij	in India goed Engels	heeft geleerd.
Hij vraagt	of	Vishal	de spelling van het Engels niet moeilijk	vindt.
Vishal vraagt	hoe	hij	de spelling van het Nederlands goed	kan leren.

Let op:

- Vishal zegt: 'Ik vind de spelling van het Nederlands erg moeilijk.'
- Vishal zegt dat hij de spelling van het Nederlands erg moeilijk vindt.

- De docent vraagt: 'Vind je de spelling van het Engels dan niet moeilijk?'
- De docent vraagt of Vishal de spelling van het Engels dan niet moeilijk vindt.

- Vishal vraagt: 'Hoe kan ik de spelling van het Nederlands goed leren?'
- Vishal vraagt hoe hij de spelling van het Nederlands goed kan leren.

Dus: Hij zegt dat ...
      Hij vraagt of ...
      Hij vraagt hoe ...

Begint de vraag met een **werkwoord**? Dan gebruik je of in de indirecte rede.
Begint de vraag met een **vraagwoord**? Dan gebruik je geen of, maar het vraagwoord in de indirecte rede.

→ **Oefening 2**

 Kies de goede bijzin.

1 Ik zei tegen mijn buurman
- a dat er iemand bij hem aan de deur was geweest.
- b of er iemand bij hem aan de deur was geweest.
- c dat er iemand bij jou aan de deur was geweest.

2 Mijn buurman vroeg
- a of wie er dan aan de deur was geweest.
- b wie er dan aan de deur was geweest.
- c wie was er dan aan de deur geweest.

3 Ik zei
- a dat ik wist het niet precies.
- b wie ik wist het niet precies.
- c dat ik het niet precies wist.

4 Mijn buurman vroeg
- a dat ik met die persoon gepraat had.
- b of ik had met die persoon gepraat.
- c of ik met die persoon gepraat had.

5 Ik zei
- a dat ik had hem alleen gezien en niet gesproken.
- b dat ik hem alleen gezien en niet gesproken had.
- c dat ik hij alleen gezien en niet gesproken had.

6 De buurman vroeg
- a of die persoon er dan uitzag.
- b hoe die persoon er dan uitzag.
- c of hoe die persoon er dan uitzag.

7 Ik zei
- a dat ik hem gezicht niet gezien had.
- b dat ik zijn gezicht niet gezien had.
- c dat ik had zijn gezicht niet gezien.

8 Terwijl ik met de buurman stond te praten, kwam die persoon daar net weer aan. Ik zei tegen de buurman
  a dat die persoon kwam daar weer aan.
  b dat die persoon daar weer aankwam.
  c of die persoon daar weer aankwam.

Zet de woorden in de juiste volgorde.

De docent van onze groep stelde voor om in de laatste les een lunch te organiseren.
1 wij – de docent – vroeg – of – een lunch – een goed idee – vonden
2 de cursisten – wilden – ze – zeiden – dat – wel een lunch – organiseren
3 we – waar – die lunch – dan – wilden – houden – vroeg – de docent
4 dat – Irina – bij haar thuis – zei – de lunch – wel – kon
5 haar adres – de cursisten – of – op het bord – wilde – schrijven – vroegen – Irina
6 de docent – wilde – wie – er dan – vroeg – iets te eten – meenemen
7 Sarah – zij – dat – kebab – zei – wilde – maken
8 dacht – David – kon – voor zo veel personen – dat – hij – geen gerecht – klaarmaken
9 hij – zou – stelde voor – dat – frisdranken – meenemen – hij
10 in de lunch – alle cursisten – dat – ze – veel zin – zeiden – hadden

Zet de zinnen in de indirecte rede.

Joost en Anna eten altijd rond zeven uur. Joost heeft gekookt, maar Anna komt pas om halfacht binnen.
1 Joost zegt: 'Ik zit al een halfuur met het eten te wachten.'
2 Anna zegt: 'Ik kon niet eerder thuis zijn.'
3 Joost vraagt: 'Is er dan iets gebeurd?'
4 Anna zegt: 'Ik heb een halfuur in de file gestaan.'
5 Joost vraagt: 'Waarom heb je dan niet even gebeld?'
6 Anna zegt: 'De batterij van mijn telefoon was leeg.'
7 Joost vraagt: 'Kon je op je werk je batterij niet opladen?'
8 Anna zegt: 'Dat ben ik vergeten.'
9 Joost stelt voor: 'We gaan nu maar eten.'
10 Anna zegt: 'Je hebt gelijk. En het spijt me.'
11 Joost zegt: 'Ik zeur eigenlijk ook een beetje.'
12 Anna zegt: 'Het geeft niet. En ik begrijp het wel.'

Oefening 5

Maak de zinnen af.

Een gesprek in de klas tussen de docent en twee cursisten:

1 De cursist vraagt of _____

_____

2 De docent antwoordt dat _____

_____

3 Een andere cursist vraagt waarom _____

_____

4 De docent zegt dat _____

_____

Een gesprek over de vakantie tussen Ahmed en Hannah:

5 Ahmed vraagt waar _____

_____

6 Hannah antwoordt dat _____

_____

7 Ahmed vraagt hoe _____

_____

8 Hannah zegt dat _____

_____

Iva en Fenna maken een afspraak:

9 Iva vraagt wanneer _____

_____

10 Fenna zegt dat _____

_____

11 Iva vraagt waar _____

_____

12 Fenna antwoordt dat _____

_____

Een gesprek tussen een huisarts en een patiënt:

13 De patiënt zegt dat _____

_____

14 De huisarts vraagt wanneer _____

_____

15 De patiënt antwoordt dat _____

_____

16 De huisarts adviseert dat _____

_____

Denk aan je leven over tien jaar. Maak dan de zinnen af.

1 Waar woon je over tien jaar?

   a   Ik hoop dat _____

   b   Maar ik denk dat _____

2 Woon je alleen of samen met anderen?

   a   Ik verwacht dat _____

   b   Maar ik weet niet zeker of _____

3 Kom je nog weleens in je eigen land over tien jaar?

   a   Ik hoop dat _____

   b   Maar ik weet niet hoe _____

4 Heb je een leuke baan over tien jaar?

   a   Ik weet niet of _____

   b   Ik denk dat _____

5 Hoe is het met je Nederlands over tien jaar?

    a   Ik hoop dat _____

    b   Maar ik vraag me af of _____

Oefening 7

Vul de zinnen in de volgende mailtjes aan.

1 Je zou een vriend een paar foto's mailen, maar de foto's staan niet meer op je computer.

Hoi Rob,

We hebben gisteren afgesproken dat _____

_____

_____

_____

Maar helaas lukt dat niet. Ik heb net gemerkt dat_____

_____

_____

_____

Hopelijk heeft Frank ook foto's gemaakt. Misschien kun je hem een mailtje sturen

en vragen of _____

_____

_____

Sorry!

Hartelijke groet,

_____

---

2 Je hebt een afspraak voor morgen met een vriendin. Je zegt de afspraak af.

Beste Elsa,

Ik moet onze afspraak voor morgen helaas afzeggen. Ik heb net gehoord dat _____

_____

_____

_____

Misschien kunnen we een nieuwe afspraak maken. Ik hoop dat _____

_____

_____

_____

Kun je me even laten weten of _____

_____

_____

_____

Groetjes,

_____

 Oefening 8

Geef antwoord op de volgende vragen.

Wat vind je van de huidige regering in Nederland? (Of van de regering van je eigen land?)
1 Hoop je dat deze partijen de komende jaren blijven regeren?
2 Denk je dat deze partijen bij de volgende verkiezingen evenveel stemmen krijgen als bij de vorige verkiezingen?
3 Wat vind je goed van deze regering?
4 Wat vind je niet zo goed van deze regering?

bijvoeglijke bijzin

Bijvoeglijke bijzin

Een **bijvoeglijke bijzin** geeft meer informatie over een persoon, ding, plaats, situatie, enzovoort.

Oefening 1

Faina heeft een reis gewonnen. Ze mag iemand meenemen, maar weet nog niet wie. Ze heeft vier opties:

- Haar ex-man, *met wie ze tien jaar getrouwd is geweest.*
- Haar vriendin, *die drie kleine kinderen heeft.*
- Haar zus, maar haar zus heeft een hondje *dat niet alleen thuis kan blijven.*
- Haar moeder, maar ze gaan met het vliegtuig, *waarmee haar moeder niet durft te reizen.*

Bespreek de opties met een andere cursist:
welk advies zouden jullie Faina geven?

1 Met wie moet Faina op vakantie?
2 Waarom kies je deze optie?
3 Welk probleem ontstaat er bij deze optie? Hoe kan Faina dat oplossen?

Woordvolgorde in de bijvoeglijke bijzin

Een bijvoeglijke bijzin is een bijzin, dus alle **werkwoorden** staan achteraan.

	persoon of ding	die/dat/ enz.	(onder-werp)	rest	werkwoord(en)
a	De man	die		vanmiddag voor jou	heeft gebeld.
b	De tas	die	ik	gisteren	was vergeten.
c	Het meisje	dat		aan de overkant	loopt.
d	Het boek	dat	ik	in de vakantie	heb gelezen.
e	Alles	wat	we	vandaag	hebben besproken.
f	Het huis	waar	ik	al jaren	woon.
g	De vrouw	met wie	jij	net	stond te praten.
h	De film	waarover	je	me gisteren	hebt verteld.

Er zijn twee mogelijkheden:
1 Je gebruikt geen voorzetsel om te verwijzen (zin **a** tot en met **e**).
2 Je gebruikt een voorzetsel om te verwijzen (zin **f** en **g**).

1 Je gebruikt geen voorzetsel om te verwijzen

Hoort de bijzin bij een de-woord?

de-woorden krijgen *die*

- ▪ *De leraar die* daar loopt.
- ▪ *Een trui die* in je kast ligt.

Hoort de bijzin bij een het-woord?

het-woorden krijgen *dat*
(In de spreektaal: *het*-woorden + *wat*; dit is officieel geen goed Nederlands)

- ▪ *Het huis dat* op de heuvel staat.
- ▪ *Een boek dat* ik van je geleend heb.
(Spreektaal: *Een boek wat* ik geleend heb.)

Gaat het om een plaats?

waar betekent eigenlijk *waarin*

- ▪ *Het huis waar* hij woont.

Verwijzen we niet naar een substantief?

wat komt na: *alles, iets, niets, veel, weinig, meer, minder, een overtreffende trap* zonder substantief (*het grootste, het duurste*, enz.) of *een hele zin*

- ▪ *Alles wat* we besproken hebben.
- ▪ *Het mooiste wat* ik heb gezien.
- ▪ *Zij nam bloemen voor me mee, wat* ik heel fijn vond.

→ **Oefening 2**

Vul de juiste woorden in.

Kies uit: die – dat – wat – waar

1 De film _____*die*_____ ik zo graag wilde zien, draait volgende week nog.

2 Weet je wel, die film over een boek _____*dat*_____ jij ook gelezen hebt.

3 Dat boek over een meisje _____*dat*_____ op zoek gaat naar haar vader.

4 Hij draait in die bioscoop, _____*waar*_____ we laatst ook waren.

5 De acteur _____*die*_____ de hoofdrol speelt, is zo'n knappe man.

6 Het leukste _____*wat*_____ ik kan bedenken voor komend weekend, is om die film met jou te zien.

7 Wat is de avond _____*die*_____ voor jou het beste uitkomt?

8 Zo'n avondje uit is iets _____*wat*_____ heel ontspannend is.

9 Het is dus een avondje _____*dat*_____ heel gezellig kan worden.

10 Als je meegaat, betaal ik de kaartjes. Dat is dan het cadeautje _*dat*_ je nog van me zou krijgen.

Oefening 3

Maak de zinnen af met een bijvoeglijke bijzin. Gebruik hiervoor de cursief gedrukte zinnen. Vertel aan iemand in de groep waarom je dat antwoord kiest.

Wat doe je in de volgende situaties?

1 Je moet op de fiets naar je werk, maar je band is bijna leeg. Je wilt je band oppompen, maar de pomp is ook kapot. Je gaat een pomp lenen. Welke buren kies je? Dit zijn de mogelijkheden:

- Aan de ene kant wonen buren. *Die buren maken ruzie met iedereen.*
- Aan de andere kant wonen buren. *Die buren wonen er pas sinds vorige week.*
- Op de hoek wonen buren. *Die buren spreken bijna geen Nederlands.*
- Tegenover je wonen buren. *Die buren hebben je gisteren al suiker geleend.*

a Ik leen zeker geen pomp van de buren _*die met iedereen ruzie maken*_ b Ik leen ook geen pomp van de buren _doe er pan waren._

c Ik leen waarschijnlijk geen pomp van de buren _doe bijn een_
nederlanen spreken

d Ik leen misschien wel een pomp van de buren _doe me_
gisteren al zijkergeleend hebben

2 Je gaat binnenkort op vakantie, maar je oude fototoestel is kapot. Je wilt wel foto's
maken. Je koopt nu een fototoestel. Welk kies je? Dit zijn de mogelijkheden:
- Je koopt een fototoestel. *Dat fototoestel kost € 100,–.*
- Je koopt een fototoestel. *Dat fototoestel kost € 500,–.*
- Je koopt een fototoestel. *Dat fototoestel kan je voor € 10,– tweedehands kopen.*
- Je koopt een fototoestel. *Dat is eigenlijk een mobieltje.*

a Ik koop zeker geen fototoestel _dat 100,– kost_

b Ik koop ook geen fototoestel _dat 500,– kost._

c Ik koop ook geen fototoestel _dat eigenlijk een mobieltje_
_is._

d Ik koop wel een fototoestel _dat ik voor 10 €_
een tweedehands kopen

2 Je gebruikt een voorzetsel om te verwijzen

Gaat het om een persoon?

Bij een persoon komt een *voorzetsel + wie.*
(praten met)
(dromen over)

- *De leraar met wie* ik praat.
- *Mijn vriendin over wie* ik heb gedroomd.

Gaat het om een ding?

Bij een ding komt *waar* + een *voorzetsel.*
(kijken naar)

(dromen over)

■ *De film waarnaar* we kijken. /
De film waar we *naar* kijken.

■ *Het land waarover* ik heb gedroomd. /
Het land waar ik *over* heb gedroomd.

🖊 Oefening 4

Maak de zinnen af.

Bijvoorbeeld:
Een minister is een persoon die _____
Een minister is een persoon *die in de regering zit.*

1 Een docent is een persoon die _aan de universiteit werkt._

2 Een echtgenoot is een persoon met wie _____

3 Daar zit de cursist die _____

4 Ik ga zo naar mijn buurman over wie _____

5 Daar zit het kind met wie _____

6 Dit is de foto waarover _ik verteld heb_

7 Een mobieltje is een toestel waarmee _je kunt telefoneren_

8 Dit is het telefoonnummer waarop _je me kunt bellen_

9 Dit is het boek dat _ik al gelezen heb._

10 Dit is het boek waarover _ik verteld heb_

Maak het briefje af.

'Het boekhandeltje' is een bedrijf waar je via internet tweedehands boeken kunt bestellen. Je hebt per e-mail een boek besteld voor een cursus. Je krijgt per post wel een boek, maar dat is niet het goede boek.

Je stuurt het boek retour afzender en schrijft er een briefje bij:

Geachte heer, mevrouw,

Gisteren heb ik uw boek per post ontvangen.

Maar dit is niet het boek _dat ik besteld heb / meer_.

Ik heb *Beter Schrijven* deel 2 besteld, maar u heeft me deel 1 gestuurd.

Als bewijs stuur ik u ook de e-mail _die ik gisteren geschreven heb_.

Als u deel 2 hebt, kunt u me dat dan sturen?
En anders gaat de bestelling niet door.

Het telefoonnummer _waarop u mij kunt bellen / waaronder_ is 06-123 456 78.

Met vriendelijke groet,
Aster Haile

Schrijf een tekst.

Noem drie leraren die voor jou belangrijk zijn geweest in je leven. Beschrijf bij iedere leraar welk vak hij gaf, wanneer hij je leraar was en wat je van hem geleerd hebt. Schrijf in de conclusie aan welke van de drie leraren je de beste herinneringen hebt.

9

scheidbare werkwoorden

Scheidbare werkwoorden

Een **scheidbaar werkwoord** (separabel verbum) is een werkwoord dat je kunt scheiden: het kan in twee gedeelten voorkomen.

Voorzetsel (prepositie) of deel van het scheidbare werkwoord?

- Ik *trek* de jas *aan*.
  Ik heb de jas *aangetrokken*.   De infinitief is *aantrekken*.
  Dit is een scheidbaar werkwoord.

- Ik *trek* hem *aan* zijn jas.
  Ik heb hem *aan* zijn jas *getrokken*.   De infinitief is *trekken* met het voorzetsel *aan*.
  Dit is geen scheidbaar werkwoord.

 → Oefening 1

 Lees de volgende zinnen en zet de tijd of vorm van de *cursief* gedrukte werkwoorden ernaast.

Kies uit: presens (o.t.t.) – imperfectum (o.v.t.) – perfectum (v.t.t.) – plusquamperfectum (v.v.t.) – infinitief.

1 Ik *sta* altijd om halfzeven *op*,   o.t.t. opstaan

   omdat ik voor de file van huis wil *weggaan*.   o.t.t. weggaan
                                                         infinitief

2   Gisteren *stond* ik zelfs al om zes uur *op*,   _o.v.t opstaan_

    omdat de mensen op maandag vaak eerder van huis *weggaan*.   _o.t.t. weggaan_

3   En ik *had* op mijn werk al om halfnegen *afgesproken*.   _v.v.t._

4   Ik *heb* al een tijd niet meer *uitgeslapen*.   _v.t.t._

5   De laatste keer was toen ik een paar vrienden *had uitgenodigd*.   _v.v.t._

6   Ik heb zin om komende zaterdagavond *uit te gaan*.   _infinitief_

7   En dan *kom* ik waarschijnlijk wel laat *thuis*.   _o.t.t.:_

8   Als ik dan zo lang *opblijf*,   _o.t.t._

    vind ik het wel fijn om de volgende dag *uit te slapen*.   _infinitief_

→   **Oefening 2**

Schrijf nu de goede vormen op van het scheidbare werkwoord *opbellen*.

Dit is een **regelmatig werkwoord**.

Presens:

    Ik ____bel____ mijn vriend ____op____.

Imperfectum:

    Ik ____belde____ mijn vriend ____op____.

Perfectum:

    Ik ____heb____ mijn vriend ____opgebeld____.

Plusquamperfectum:

    Ik ____had____ mijn vriend ____opgebeld____.

Infinitief:

    Ik moet mijn vriend nog ____opbellen____.

Infinitief met *te*

    Ik ben vergeten mijn vriend ____op____ te ____bellen____.

Imperatief:

    ____Bel____ je vriend nou eens ____op____!

achtervolgen
ik aehter volg de dief

142

In de bijzin:

Ik beloof mijn vriend dat ik hem vandaag nog _____opbellen_____ .

⚙ Woordvolgorde in de hoofdzin

onderwerp	persoonsvorm	rest	werkwoord(en)/ scheidbaar deel
Ik	ruim	de rommel	op.
We	hebben	de rommel	opgeruimd.

Met inversie:

rest	persoonsvorm	onderwerp	rest	werkwoord(en)
Gisteren	hebben	we	de rommel	opgeruimd.

⚙ Woordvolgorde in de bijzin

hoofdzin	voegwoord	onderwerp	rest	alle werkwoorden
Ik hoop	dat	hij	die rommel	opruimt.
Ik ben blij	dat	je	die rommel	opgeruimd hebt. (hebt opgeruimd. / op hebt geruimd.)

➡ Oefening 3

🖱 **Wat is de infinitief van de cursief gedrukte werkwoorden in deze zinnen?**

Infinitief (+ voorzetsel)

1 Volgende week *trouwt* mijn broer *met* mijn beste vriendin. _____

2 Onze hele vriendengroep is natuurlijk *uitgenodigd*. _____

3 Ik weet alleen nog steeds niet wat ik *aan* zal *trekken*. _____

4 Ik heb twee mooie jurken uit de winkel *meegenomen*. _____

5   Maar ik weet nog niet welke ik *uit* zal *kiezen*.   _____

6   Ik kan *kiezen uit* een rode en een blauwe jurk.   _____

7   Mijn man was boos dat ik twee jurken had *aangeschaft*.   _____

8   Maar dat was niet zo: ik *breng* er eentje *terug*.   _____

9   Dat heb ik zo in die winkel *afgesproken*.   _____

10 En dat heb ik ook meteen *tegen* mijn man *gezegd*.   _____

11 Ik *stel* de beslissing zo nog even *uit*.   _____

12 Misschien laat ik het wel van het weer *afhangen*.   _____

→ **Oefening 4**

🖱 **Zet de woorden in de juiste volgorde.**
Zet het werkwoord dat tussen haakjes staat in de zin.

Bijvoorbeeld:
altijd / te veel geld / ik   (uitgeven)
Ik geef altijd te veel geld uit.

Let op: zin 1 is in het imperfectum, de rest van de oefening staat in het presens. Soms moet je een infinitief (met *te*) gebruiken.

Mijn man kookt vaker dan ik. Zeker als we bezoek krijgen, kookt hij.

1   van de week – ook vrienden – er   (opbellen)
2   ze – bij ons – wilden – zaterdag   (langskomen)
3   mijn man – goed – de maaltijd – dan   (voorbereiden)
4   hij – eerst – in het kookboek – een lekker recept   (opzoeken)
5   dan – alle benodigde boodschappen – hij   (inslaan)
6   bij de kassa merkt hij dan dat – steeds weer – te veel geld – hij   (uitgeven)
7   daarna – een lekkere maaltijd – hij – in de keuken   (klaarmaken)
8   je – niet – kunt – met hem – daar   (samenwerken)
9   na de maaltijd – het – is – om – mijn taak – alle rommel (opruimen)
10 en – dan – altijd – ik   (afwassen)

→ **Oefening 5**

Vul de juiste vorm van het scheidbare werkwoord in.

Het werkwoord dat je moet gebruiken, staat tussen haakjes achter de zin.

1 Het gebruik van mobiele telefoons onder kinderen is enorm

_____ *toenemen* _____ (toenemen)

2 De meeste kinderen in de hoogste klassen van de basisschool hebben er al één

_____ *aangeschaft* _____ (aanschaffen)

3 De kinderen _____ *nemen* _____ die dan ook altijd _____ *mee* _____ (meenemen)

4 En als ze dat vergeten, _____ *geven* _____ de ouders hun kinderen

het mobieltje _____ *mee* _____ (meegeven)

5 In geval van nood kunnen ze hun kinderen dan altijd _____ *opbellen* _____

(opbellen) en de kinderen _____ *bellen* _____ de ouders soms

ook _____ *op* _____ (opbellen)

6 De kinderen zelf _____ *vallen* _____ graag

_____ *op* _____ met een trendy telefoon. (opvallen)

7 Veel ouders maken de fout dat ze voor hun kinderen een abonnement

_____ *afsluiten* _____ (afsluiten)

8 De kosten _____ *lopen* _____ dan heel makkelijk

_____ *op* _____ (oplopen)

9 Het is niet alleen naar vrienden bellen, maar op de televisie zijn er vaak prijsvra-

gen waaraan ze met de mobiele telefoon _____ *meedoen mee* _____

kunnen _____ *meedoen* _____ (meedoen)

10 Het is daarom veiliger om een prepaid toestel _____ *aan te schaffen* _____

_____ (aanschaffen + te)

11 Ook als het beltegoed op is, is het voor ouders dan nog mogelijk om hun kinderen

_____ *op te bellen* _____ (opbellen + te)

12 Bovendien kun je als ouders makkelijker _____ *ingrijpen* _____

als het fout gaat. (ingrijpen)

13 Want je moet niet verwachten, dat je kind er meteen goed mee _____om_____

_____ kan _____geen_____ (omgaan)

14 Je kunt als ouder ook beslissen dat je de aanschaf van een mobieltje voor je kind

nog een paar jaar _____uitstellt_____ (uitstellen)

⚙ Wel of niet scheidbaar?

Vergelijk de volgende zinnen:

	vorm	infinitief
Kaalheid *komt* in zijn familie veel *voor*.	komt ... voor	*voor*komen
Dat *is* bij ons thuis nog nooit *voorgekomen*.	voorgekomen	*voor*komen
Hij *voorkomt* een ongeluk door hard te remmen.	voorkomt	voor*ko*men
Hij *heeft* door hard te remmen een ongeluk *voorkomen*.	voorkomen	voor*ko*men
	(let op: geen *ge*)	

Sommige **werkwoorden** zien eruit als een **scheidbaar werkwoord**, maar zijn dat niet.

Bij een scheidbaar werkwoord ligt de klemtoon meestal op de eerste lettergreep (*voor*komen).

Bij een niet-scheidbaar werkwoord ligt de klemtoon meestal meer naar achteren in het werkwoord (voor*ko*men).

De vormen (dus scheidbaar of niet) en de klemtoon van het werkwoord staan in het woordenboek.

In het Van Dale pocketwoordenboek NT2 staat bijvoorbeeld:

<u>o</u>verhouden – (hield over – overgehouden): scheidbaar

over<u>lij</u>den – (overleed – is overleden): niet-scheidbaar

→ Oefening 6

  Vul het schema in.

Op blz. 147 staan zes werkwoorden. Geef aan of ze scheidbaar of niet-scheidbaar zijn. Als je het niet weet, zoek je het op in een woordenboek.

Schrijf daarna de letter op die bij de juiste betekenis hoort. De betekenissen staan onderaan.

betekenis: kies a t/m f

1	overladen	scheidbaar / ~~niet-scheidbaar~~		d
2	overmaken	scheidbaar / niet-scheidbaar		e
3	overblijven	scheidbaar / niet-scheidbaar		c
4	overdrijven	scheidbaar / niet-scheidbaar		f
5	overdragen	scheidbaar / niet-scheidbaar		e
6	overleven	scheidbaar / niet-scheidbaar		b

Betekenissen

a Van de ene naar de andere bankrekening geld sturen.

b Niet overlijden na een gevaarlijke gebeurtenis.

c Op school blijven voor de lunch.

d Geven in grote hoeveelheden.

e Op een officiële manier aan iemand geven.

f Iets bijvoorbeeld groter of mooier voorstellen dan het is.

Welke zin is goed?

7 Niet iedereen weet dit, maar
   a bij een vliegtuigongeluk overleven de meeste mensen het.
   b bij een vliegtuigongeluk leven de meeste mensen het over.

8 Mijn kinderen blijven op school, als ik moet werken.
   a Ze overblijven dus drie keer per week.
   b Ze blijven dus drie keer per week over.

9 Onze docent geeft veel te veel huiswerk.
   a Hij overlaadt ons steeds met huiswerk.
   b Hij laadt ons steeds met huiswerk over.

10 Ik moet die rekening nog betalen.
   a Ik overmaak het geld vandaag nog.
   b Ik maak het geld vandaag nog over.

11 Er komt een nieuwe fractievoorzitter van het CDA.
   a   De huidige overdraagt zijn functie volgende week.
   ⓑ   De huidige draagt zijn functie volgende week over.

12 De vis die je gevangen hebt is niet één meter maar vijftig centimeter lang.
   ⓐ   Je overdrijft verschrikkelijk, zoals gewoonlijk.
   b   Je drijft, zoals gewoonlijk, verschrikkelijk over.

→ **Oefening 7**

Zet de werkwoorden van oefening 6 op de juiste manier in de zin.

1 Hij heeft het vliegtuigongeluk _overleefd_

2 Mijn kinderen zijn tussen de middag op school _overgebleven_

3 Dat kind is op haar verjaardag met cadeaus _overgeladen_

4 Ik krijg nog geld van hem, maar hij heeft het nog niet _overgemaakt_

5 De burgermeester heeft zijn ambt _overdragen_

6 Zo erg was het niet, je hebt behoorlijk _overdreven_

Oefening 8

Vul de antwoorden in.

1 Wanneer heb je je voor deze cursus ingeschreven?

   Ik _heb me op september voor de cursus ingeschreven._

2 Heb je bij de inschrijving ook een formulier ingevuld?

   Bij de inschrijving _heb ik een formulier ingevuld._

3 Meld je je dan ook af, als je niet kunt komen?

   Als ik niet kan komen, _meld ik me niet af._

4 Overlaadt de docent jullie met huiswerk?

   De docent _overlaadt ons niet met huiswerk._

5 Kijk je tijdens een toets weleens af?

   Tijdens een toets _kijk ik niet af._

6   Zoek je onbekende woorden vaak in een woordenboek op?

Ik *zoek ze online op.*

7   Overleg je tijdens een oefening weleens met een andere cursist?

Ik *overleg alleen*

8   Wil je de cursus ook met een examen afsluiten?

Ik wil de cursus *wel met een examen afsluiten*

✏ **Oefening 9**

Schrijf een mail.

Je dochtertje Emma blijft altijd op dinsdag tussen de middag over op school. Maar morgen haal je haar om twaalf uur op voor een afspraak bij de tandarts. Je schrijft een mailtje aan de overblijfmoeder, mevrouw De Wit.

Geachte mevrouw De Wit,

Mijn dochter Emma blijft _____.
Maar komende dinsdag zal ze er niet zijn.

Ik haal _____.

Want ze heeft een afspraak met de tandarts.

Met vriendelijke groet,

_____

✏ **Oefening 10**

Schrijf een tekst.

Je hebt een goede vriend(in) al een tijdje niet meer gezien. Je wilt contact opnemen.
Wat doe je het liefst:
Bel je hem of haar op?
Stuur je hem of haar een mail?
Ga je zomaar bij hem of haar langs?

Schrijf op wat je het liefst doet en waarom. Schrijf ook op wat je niet zo gauw zal doen en waarom.

10

wederkerende werkwoorden

⚙ Wederkerende werkwoorden

Wederkerende werkwoorden (reflexieve werkwoorden) zijn werkwoorden met *zich* in de **infinitief**.

Vergelijk:

- *Ik was* mijn baby.   – de infinitief is: *wassen*
- *Ik was me* 's ochtends onder de douche.   – de infinitief is: *zich wassen*

In de eerste zin was ik iemand anders, in de tweede zin was ik mezelf.

Sommige werkwoorden zijn altijd wederkerend, bijvoorbeeld: *zich schamen* en *zich vergissen*.
Andere werkwoorden kunnen wederkerend of niet-wederkerend zijn, bijvoorbeeld: *(zich) wassen*, *(zich) melden*.

→ Oefening 1

 Lees de tekst.

1 Mijn collega Robbert werkt nu tien jaar bij ons bedrijf. Gisteren vroeg hij ons: '*Herinneren jullie je* nog de eerste keer dat ik hier kwam?'
2 *Wij herinnerden ons* dat niet meer.
3 Toen vertelde hij ons dat *hij zich* op de ochtend van het sollicitatiegesprek had *verslapen*.
4 Hij vertelde daarover: '*Ik* moest *me* vreselijk *haasten*, toen *ik me* had *verslapen*.
5 Op een sollicitatiegesprek wil *je je* goed *presenteren*.
6 Dus *ik* moest *me* wel *scheren* en wilde *me* netjes *aankleden*.'

7 *Hij haastte zich* op het station voor de trein.
8 Door de haast *vergiste hij zich* ook nog in het perron: hij nam de verkeerde trein.
9 *Hij meldde zich* een halfuur te laat bij de receptioniste.
10 Natuurlijk *schaamde hij zich* dood.
11 Gelukkig zei de chef meteen: 'Ik kan *me* wel *voorstellen* hoe *u* zich nu *voelt*.'
12 *Robbert* had *zich* wel goed *voorbereid* op het gesprek. En uiteindelijk heeft hij de baan toch nog gekregen!

Vul de infinitieven in van de cursief gedrukte werkwoorden in de tekst hiervoor. Zet *zich* bij de infinitief.

1 zich herinneren

2 _____

3 _____

4 _____ / _____

5 _____

6 _____ / _____

7 _____

8 _____

9 _____

10 _____

11 _____ / _____

12 _____

Vul nu zelf de verschillende vormen in. Kies uit: me – je – zich – ons.

Ik schaam _____ voor de fout.

Jij schaamt _____ voor de fout.

U schaamt _____ voor de fout.

Hij / Zij schaamt _____ voor de fout.

Wij schamen _____ voor de fout.

Jullie schamen _____ voor de fout.

Zij schamen _____ voor de fout.

De plaats van *me – je – zich – ons* in de zin

In de hoofdzin (zonder inversie): *me/je/zich/ons* komt na de persoonsvorm.

onderwerp	persoonsvorm	me/je/zich/ons	rest	werkwoord(en)
Ik	haast	*me*	op het station.	
Ik	moet	*me*	op het station	haasten.

In de hoofdzin met inversie en in de vraag: *me/je/zich/ons* komt na het onderwerp.

rest	persoons- vorm	onderwerp	me/je/zich/ons	rest	werkwoord(en)
Elke ochtend	haast	hij	*zich*	op het station.	
Gisteren	heb	ik	*me*	erg	gehaast.
Waarom	haast	jij	*je*	altijd zo?	

In de bijzin: *me/je/zich/ons* komt na het onderwerp.

(voeg) woord	onderwerp	me/je/zich/ons	rest	werkwoord(en)
Hij zegt	dat	hij	*zich*	altijd vreselijk	moet haasten.
Ik ben moe,	omdat	ik	*me*	vreselijk	heb gehaast.

➡ Oefening 2

Vul *me – je – zich – ons* op de goede plaats in.

1 Ik _____ erger _____ in een restaurant aan mensen die _____ niet
netjes _____ gedragen.

2 Ze _____ likken _____ bijvoorbeeld aan hun mes. Ze _____ kunnen
_____ dan _____ snijden.

3 Maar _____ ze _____ lijken _____ ook niet _____ te schamen
_____ voor hun _____ gedrag.

4 Ik vind _____ het prima dat je _____ thuis _____ zo _____
gedraagt.

5 Maar _____ in een restaurant _____ moet je _____ aanpassen.

6   Aan mijn kinderen vraag ik ook: 'Kunnen jullie _____ netjes _____

gedragen?'

7   Mijn jongste zoon _____ verveelt _____ nog weleens _____ als een

etentje te _____ lang duurt.

8   Ik vind het dan ook niet zo erg _____ als _____ hij _____ vermaakt

_____ met een boek of spelletje.

9   Want ik wil _____ niet dat wij _____ moeten _____ haasten

met het eten.

10 En ik kan _____ ook _____ wel voorstellen _____ dat hij _____

anders _____ verveelt.

⚙ Werkwoorden die wederkerend en scheidbaar zijn

Let op:
Sommige werkwoorden zijn **wederkerend** en **scheidbaar**. (Zie hoofdstuk 9 –
scheidbare werkwoorden.)
Bijvoorbeeld:

wederkerend:	Ik *erger me* aan zijn gewoontes.	(zich ergeren)
scheidbaar:	Ik *hang* mijn jas *op*.	(ophangen)
wederkerend en scheidbaar:	Ik *geef me* voor die cursus *op*.	(zich opgeven)

 Oefening 3

Geef antwoord in hele zinnen.

1   Herinner je je nog veel van je eerste tijd in Nederland?
2   Had je je voorbereid op je komst naar Nederland?
3   Moest je je bij de vreemdelingenpolitie melden?
4   Heb je je aan de Nederlandse gewoontes aangepast?
5   Aan welke gewoonte wil je je niet aanpassen?
6   Verbazen jullie je weleens over Nederlandse gewoontes?
7   Verbazen Nederlanders zich weleens over jouw gewoontes?
8   Zijn er Nederlandse gewoontes waaraan je je ergert?
9   Schaam je je weleens voor het gedrag van iemand anders?
10 Heb je een Nederlandse vriend of kennis bij wie je je thuis voelt?

Oefening 4

Maak de zinnen af.

1 Ik herinner _____

2 Gisteren herinnerde _____

3 Wat herinner _____?

4 Wij herinneren _____

5 Ik vind het raar dat _____

   _____ herinnert.

6 Herinneren jullie _____?

7 Ze zeggen dat _____

   _____ herinneren.

8 Herinnert u _____?

9 Hij kan daar niets over vertellen, omdat _____

   _____ herinnert.

10 Mijn kinderen kunnen _____

   _____ herinneren.

 Oefening 5

Maak zinnen met de volgende werkwoorden.

Bijvoorbeeld: zich verbazen – Ik verbaas me over zijn gewoontes.

1 zich herinneren
2 zich ergeren
3 zich vergissen
4 zich verslapen
5 zich haasten
6 zich vervelen
7 zich snijden
8 zich afvragen
9 zich aanpassen
10 zich voorbereiden

Oefening 6

Schrijf een mail aan de volksuniversiteit.

Je hebt je al een maand geleden ingeschreven voor een computercursus op de volks-universiteit.

Alleen als genoeg mensen zich aanmelden, gaat de cursus door. Dat staat in de folder.
Die cursus zou al over een week starten, maar je hebt nog niets gehoord.

Geachte heer, mevrouw,

Een maand geleden _____

In jullie folder staat dat de cursus alleen doorgaat als _____

_____

De cursus zou volgende week starten, maar tot nu toe _____

_____

Ik wil graag weten _____

_____

Als het niet doorgaat, _____

_____

Met vriendelijke groet,

_____

 Oefening 7

 Hieronder staan zes vragen. Bespreek eerst alle vragen met een andere cursist. Schrijf daarna op wat je verteld hebt.

1   Noem eens iets wat je je herinnert van de tijd dat je op de basisschool zat.
2   Kun je vertellen over een situatie waarin je je erg in iemand vergist hebt?
3   Waar verheug je je op en waarom verheug je je daarop?
4   Waar heb je je de laatste tijd aan geërgerd?
5   Heb je je weleens verslapen toen je een belangrijke afspraak had? Wat gebeurde er?
6   Verveel je je weleens in het weekend en in de vakantie? Zo ja, wat doe je dan?

156

11

de passieve vorm

 Het gebruik van de passieve vorm (lijdende vorm)

In de **actieve vorm** doet het **onderwerp** zelf iets.
- *De dokter onderzoekt de patiënt.*

In de **passieve vorm** gebeurt er iets met het **onderwerp**.
- *De patiënt wordt onderzocht.*

 Oefening 1

 Onderstreep in elke zin het onderwerp.

Kind gered bij brand in woning

1 Zaterdagavond is uit een woning aan de Eigenhaardstraat in Assendorp een kind gered uit een brandende zolderkamer.

2 De vader en het kind zijn met ademhalingsproblemen en brandwonden naar het ziekenhuis gebracht.

3 De buren ontdekten zaterdagavond rond 21.00 uur de brand in de woning.

4 Zij sloegen direct alarm en maakten zelf een raam bij de buren kapot om een echtpaar met hun twee kinderen te redden.

5 Op een zolderkamer van de woning bleek een kind te slapen.

6 Dat kon net op tijd worden gered.

7 Later brandde de hele bovenverdieping uit.

8 De vader liep brandwonden aan zijn arm op.

9 Het kind moest met ademhalingsproblemen naar het ziekenhuis vervoerd worden.

10 Over de oorzaak van de brand is verder niets bekendgemaakt.

Vul nu het schema in

	Vul in:	Kruis aan:	Kruis aan:
Nummer	Alle werkwoorden in de zin	Actief	Passief
1			
2			
3			
4			
5			
6			
7			
8			
9			
10			

Wanneer gebruik je de passieve vorm?

De **passieve vorm** gebruik je in de volgende situaties:

■ Het is niet duidelijk of niet belangrijk, of juist al duidelijk genoeg, *wie* iets doet; belangrijk is de persoon met wie of het ding waarmee iets gebeurt.

■ *Dit pakje* is vanmorgen voor je gebracht.
(*Dit pakje* is belangrijk. Het is niet belangrijk of het door de postbode of door iemand anders is gebracht.)
■ *Mijn kies* is getrokken.
(*Mijn kies* is belangrijk. En iedereen begrijpt: door de tandarts, dat hoef je niet te zeggen.)

■ Het belangrijkste is de actie. Dat zie je aan de werkwoorden in de zin.

■ Er mocht vroeger in restaurants *gerookt worden*.
(*gerookt* is belangrijk; duidelijk is: door iedereen.)
■ Er *werd* hard *gelachen*.
(*gelachen* is belangrijk; duidelijk is: door de aanwezigen.)

■ Het kan ook een combinatie zijn:

  ◦ *Mijn vader wordt* morgen helemaal *onderzocht.*
    (*Mijn vader* en *onderzocht* zijn belangrijk.)
  ◦ *Mijn man is ontslagen.*
    (*Mijn man* en *ontslagen* zijn belangrijk.)

Soms zijn de **actieve vorm** en de **passieve vorm** allebei mogelijk, afhankelijk van de situatie. *Bijvoorbeeld:*

  1 Mijn kind is gered (door de buurman).
  2 Mijn broer heeft het kind gered.

Situatie 1
De vader vertelt het verhaal. Hij vindt natuurlijk zijn kind het belangrijkste. Hij zal daarom de passieve vorm gebruiken:

  Mijn kind is gered (door de buurman).

Situatie 2
In een andere situatie vertelt iemand een verhaal over zijn broer. Hij vindt zijn broer dan het belangrijkst en zal de actieve vorm gebruiken:

  Mijn broer heeft het kind gered.
Je kunt in deze situatie ook de passieve vorm met 'door ...' gebruiken:

  Het kind is door mijn broer gered.

■ **Oefening 2**

 Kies het beste vervolg van de zin. Kies a of b.
Als je allebei de vormen goed vindt, kies je a en b.

  1 Vorig jaar heb ik een blindedarmontsteking gehad. Maar eerst herkende ik het helemaal niet.
    a Ik dacht eerst dat ik buikgriep had.
    b Er werd eerst door mij gedacht dat ik buikgriep had.

  2 Ik had eerst een paar dagen last van mijn maag. Pas na twee dagen kreeg ik ineens verschrikkelijke buikpijn.
    a Toen heb ik de huisarts maar eens gebeld.
    b Toen werd de huisarts maar eens door mij gebeld.

3 De assistente zei dat ik naar de praktijk moest komen. Maar dat lukte me niet meer alleen. Ik heb daarna mijn moeder gebeld.
   a Die heeft me toen naar de huisarts gebracht.
   b Toen ben ik door haar naar de huisarts gebracht.

4 Daar moest ik eerst nog een kwartier wachten.
   a Maar daarna heeft de huisarts mij onderzocht.
   b Maar daarna ben ik door de huisarts onderzocht.

5 De huisarts belde meteen naar het ziekenhuis
   a en de chauffeur van de ambulance heeft me er toen naartoe gebracht.
   b en ik ben er toen in een ambulance naartoe gebracht.

6 In het ziekenhuis volgden eerst nog meer onderzoeken.
   a Daarna opereerde een chirurg me dezelfde avond nog.
   b Daarna werd ik dezelfde avond nog geopereerd.

7 Gelukkig had ik net op tijd de huisarts gebeld.
   a Want tijdens de operatie merkte de chirurg dat ik al buikvliesontsteking had.
   b Want tijdens de operatie werd er gemerkt dat ik al buikvliesontsteking had.

8 Ik moest nog een week in het ziekenhuis blijven.
   a Maar gelukkig behandelen de artsen en zusters je in Nederland in een ziekenhuis goed.
   b Maar gelukkig word je in Nederland in een ziekenhuis goed behandeld.

Tijden van het werkwoord – actief en passief

Overzicht van de tijden van het werkwoord in de actieve en passieve vorm (enkelvoud en meervoud)

Tijd van het werkwoord	Actief	Passief
Presens, toekomst (o.t.t.)	De docent *belt mij*. De docent *belt ons*.	*Ik word* door de docent *gebeld*. *We worden* door de docent *gebeld*.
Imperfectum (o.v.t.)	De docent *belde mij*. De docent *belde ons*.	*Ik werd* door de docent *gebeld*. *We werden* door de docent *gebeld*.
Perfectum (v.t.t.)	De docent *heeft mij gebeld*. De docent *heeft ons gebeld*.	*Ik ben* door de docent *gebeld*. *We zijn* door de docent *gebeld*.
Plusquamperfectum (v.v.t.)	De docent *had mij gebeld*. De docent *had ons gebeld*.	*Ik was* door de docent *gebeld*. *We waren* door de docent *gebeld*.
Met nog een hulpwerkwoord:	De docent *kan mij bellen*. De docent *kan ons bellen*.	*Ik kan* door de docent *worden gebeld*. *We kunnen* door de docent *worden gebeld*.

Zoals je kunt zien: in de passieve vorm gebruiken we voor alle tijden een **voltooid deelwoord** (gebeld), ook in het presens. Als hulpwerkwoord gebruiken we een vorm van *worden* of van *zijn*.

Het **onderwerp** in de passieve zin kan **bepaald** of **onbepaald** zijn:
- *Deze* sleutel is vandaag gevonden.   (bepaald)
- *Er* is vandaag *een* sleutel gevonden.   (onbepaald)

Oefening 3

 Maak nu zelf dit schema compleet.

Tijd van het werk- woord	Actief – bepaald Passief – bepaald
Presens (o.t.t.)	De postbode brengt het pakje vandaag. Het pakje _____
Imperfectum (o.v.t.)	De postbode bracht het pakje gisteren. _____
Perfectum (v.t.t.)	De postbode heeft het pakje gisteren gebracht. _____
Plusquamperfectum (v.v.t.)	De postbode had het pakje gisteren gebracht. _____
Met nog een hulp- werkwoord:	De postbode moet het pakje vandaag brengen. _____

Tijd van het werk- woord	Actief – onbepaald Passief – onbepaald
Presens (o.t.t.)	De postbode brengt vandaag een pakje. Er _____
Imperfectum (o.v.t.)	_____ _____
Perfectum (v.t.t.)	_____ _____
Plusquamperfectum (v.v.t.)	_____ _____
Met nog een hulp- werkwoord:	De postbode moet vandaag een pakje brengen. _____

Oefening 4

 Vul de juiste vormen van de werkwoorden in.*
Let op: soms moet je niets invullen!

1 Een Britse oma _____ dinsdag in Northampton zes overval-

lers van een juwelierszaak _____. (heeft verjaagd / is verjaagd)

2 Terwijl de overvallers trachtten de ruiten in te slaan, _____ de

oude dame hen om de oren met haar handtas _____. (sloeg /

werd geslagen)

3 De bende sloeg op de vlucht, waarbij een van hen van de scooter

_____. (viel / werd gevallen)

4 Vier daders _____ inmiddels _____. (heb-

ben opgepakt / zijn opgepakt)

5 De beelden die een voorbijganger had gemaakt _____ op tv

en internet _____. (hebben verspreid / zijn verspreid)

* Dit is een tekst van internet, in de sleutel vind je de link.

 Oefening 5

Geef antwoord in hele zinnen over jouw taalcursus.

1 Wanneer werd je voor de eerste les uitgenodigd?
2 Was je getoetst, voordat je aan de cursus begon?
3 Is het rooster van jouw groep vaak veranderd?
4 Hoeveel lessen worden er per week gegeven?
5 Zijn de boeken voor de cursus door jou zelf betaald?
6 Wordt er veel huiswerk gegeven?
7 Moet er volgens jou minder huiswerk worden gegeven?
8 Wordt er tijdens de les weleens gelachen?
9 Wordt deze cursus voor jou door de gemeente betaald?
10 Worden er ook oefenexamens gegeven?

Oefening 6

Maak zinnen in de passieve vorm.

Erica gaat een weekje op vakantie met een vriendin. Haar man en kinderen blijven thuis.

Erica regelt thuis altijd alles, ze maakt nu een lijstje met dingen zoals die normaal gebeuren in huis. Maak de zinnen compleet en gebruik de passieve vorm.

Gebruik in zin 1 tot en met 4 het perfectum.

Bijvoorbeeld:

gisteren de was gedaan   Gisteren *is* de was al *gedaan*.

1 boodschappen voor het weekend gedaan
2 het hele huis gestofzuigd
3 gisteren de bedden verschoond
4 voor vanavond pizza's gehaald

Lieve Joost en kinderen,

Jullie hoeven niet zo veel te doen, ik heb de afgelopen dagen al veel gedaan. Dit is er al gebeurd:

1 _____

2 _____

3 _____

4 _____

Gebruik in zin 5 tot en met 8 het presens.

Bijvoorbeeld:

op zaterdag doen we altijd boodschappen   Op zaterdag *worden* er altijd boodschap-
                                                                                      pen *gedaan*.

5 op maandagmiddag repareren ze de wasmachine
6 op dinsdag halen ze het oud papier op
7 op donderdag legen ze de vuilnisbakken
8 op vrijdag verkopen ze haring in een kraam voor het winkelcentrum

Dit gebeurt er volgende week, vergeten jullie het niet?

5 _____

6 _____

7 _____

8 _____

Bedankt, succes met alles en tot vrijdag!

Liefs, Erica

Oefening 7

Schrijf vier e-mails.

Je hebt een aantal afspraken die niet door kunnen gaan. Tussen haakjes staat kort wat je wilt zeggen, let zelf op de juiste hulpwerkwoorden. Schrijf de mailtjes.

1 mail aan je docent

Beste docent,

_____

(*niet naar de les*)
Want morgen heb ik een afspraak met de tandarts.

_____

(*verstandskiezen getrokken*)
Ik moet dus in elk geval morgen de les missen en misschien wel meer lessen.

Als _____, kom ik pas volgende week weer.

Hartelijke groet van _____

2 mail aan de leraar van je zoon

Geachte _____,

Volgende week _____ (niet naar school)

Want _____ (geopereerd)

Het is niets ernstigs, zijn amandelen _____
Maar hij zal toch een paar dagen thuis moeten blijven.

Ik laat u nog weten _____

Met vriendelijke groet,

_____

3 mail aan een klasgenoot

Hoi _____,

Je hebt vast wel gemerkt dat _____
(niet naar de les)

Ik was wel van plan om te komen. Maar onderweg naar school _____

_____ (portemonnee gestolen)
Ik merkte dat, toen ik wilde uitchecken bij de metro: mijn portemonnee was verdwe-
nen!

Ik heb toen eerst _____ (aangifte)

Toen was het te laat _____

Wil je me even doorgeven _____
Dan kan ik tenminste mijn huiswerk nog doen.

Tot morgen, groetjes, _____

4 mail aan je collega's

Beste _____ ,

Jullie hebben gemerkt dat ik sinds gisteren _____
(*afwezig*)
Ik heb onze chef al gebeld, maar ik wil jullie ook even wat laten weten.

Gisteren toen ik naar het werk fietste, _____
(*ongeluk*) Een automobilist had mij niet gezien, toen hij rechts af wilde slaan.

In een ambulance _____

In het ziekenhuis _____
Gelukkig was er niets ernstigs, ik heb alleen last van mijn rug en zit onder de blauwe plekken!

Ik blijf de rest van de week thuis. Volgende week _____
_____

Hartelijke groet van _____

 Oefening 8

Schrijf een klachtenbrief.

Je bent vandaag slecht behandeld in een winkel van A&B. Je schrijft een klachtenbrief.
- Je had vorige week een shirt gekocht, maar dat is in de was heel erg gekrompen.
- De verkoopster zei dat het shirt te heet gewassen was, maar dat was niet zo.
- Je hebt geen geld teruggekregen.
- Je wilt dat het geld voor het shirt terugbetaald wordt.

Aan de directie van A&B te Rijndam

Geachte mevrouw Ten Broeke,

Vandaag ben ik bij het filiaal van A&B op de Acaciastraat geweest omdat ik mijn geld terug wilde.

Daar _____

Daarom wil ik een klacht indienen.
Het volgende is er gebeurd:

_____

_____

_____

_____

_____

_____

Ik wil toch graag _____

Ik hoop _____

Met vriendelijke groet,

_____

 Oefening 9

 Maak samen met een andere cursist een lijstje.

Stel je de volgende situatie voor:
Binnenkort neemt jullie docent afscheid. Jullie willen het tijdens de laatste les gezellig maken. Met een andere cursist zet je op een rijtje wat er moet gebeuren. Het moet voor de rest van de groep duidelijk zijn, dus jullie schrijven hele zinnen. De taken verdelen jullie later, dus je hoeft nog niet op te schrijven wie wat doet.
Maak zinnen in de passieve vorm.
Bijvoorbeeld: Er moeten lekkere hapjes klaargemaakt worden.

 Oefening 10

Beschrijf een onderzoek, operatie of behandeling bij de tandarts.

Heb je weleens een vervelend onderzoek gehad? Ben je weleens geopereerd? Heb je weleens een vervelende behandeling bij de tandarts gehad? (Of is dat met iemand anders gebeurd?)
Schrijf erover en behandel de volgende punten:
- *Inleiding:* waar schrijf je over?
- *Kern:* wat is er gebeurd en hoe voelde je je? (Of: hoe voelde die persoon zich?)
- *Slot:* schrijf een afsluitende zin of conclusie.

Kijk naar het gebruik van *er* in de volgende zinnen.
Wat betekent *er* en waarom gebruik je *er* in deze zin?

1 Ik ga naar Kreta op vakantie. Ik ben *er* nog nooit geweest.
2 Kreta is een Grieks eiland. *Er* zijn heel veel Griekse eilanden.
3 In totaal zijn het *er* wel 3000.
4 Griekenland heeft een heel oude cultuur. Ik heb *er* veel over gelezen.
5 *Er* wordt gezegd dat die cultuur al 5000 jaar oud is.

Er zijn vijf soorten *er*

1	*er* = plaats: daar	(*er* = Kreta)
2	*er* + onbepaald onderwerp	(heel veel Griekse eilanden)
3	*er* + hoeveelheid	(3000)
4	*er* + voorzetsel	(over)
5	*er* + een bijzin	(dat die cultuur al 5000 jaar oud is)

Let op: Nederlanders spreken *er* meestal uit als *d'r*, *t'r* of *'r*.

Oefen de juiste uitspraak in de volgende dialoog met je buurman of buurvrouw.

De telefoon gaat:
Anneke: Met Anneke.
Erik: Hoi met Erik, is Peter *er* ook? (Is Peter *d'r* ook?)
Anneke: Nee, hij is *er* niet. (Nee, hij is *d'r* niet. / hij is *'r* niet.)
Erik: Wanneer is hij *er* weer?
Anneke: Ik denk over een halfuurtje. Wacht even, hij komt *er* net aan.
Erik: Als hij *er* toch is, mag ik hem dan even?

■ Ik ga naar Kreta op vakantie. Ik ben *er* nog nooit geweest.

In plaats van *er* kun je *daar* zeggen: ■   Ik ben *daar* nog nooit geweest.

Let op:
Deze *er* kan niet aan het begin van de zin staan.
Daar kan wel aan het begin van de zin staan.
Want *daar* gebruik je als je meer *nadruk* wilt geven.

Goed: ■   *Daar* ben ik nog nooit geweest. / Ik ben *daar* nog nooit geweest. / Ik ben *er*
                  nog nooit geweest.
Fout: ■   *Er* ben ik nog nooit geweest.

➡ **Oefening 1**

🖱 **Welke zin is goed? Omcirkel a of b.**

1   We hebben pas een nieuw huis gekocht.
   a   Er gaan we over drie maanden wonen.
   ⓑ   We gaan er over drie maanden wonen.

2   Het huis staat aan de rand van een park.
   ⓐ   Daar heb ik al heel lang willen wonen.
   b   Er heb ik al heel lang willen wonen.

3   Mijn kinderen vinden het ook een leuke wijk.
   a   Er kunnen ze met veel andere kinderen spelen.
   ⓑ   Ze kunnen daar met veel andere kinderen spelen.

4   En mijn man wilde ook graag in die wijk wonen.
   ⓐ   Hij heeft er ook als kind gewoond.
   b   Er heeft hij ook als kind gewoond.

✒ **Oefening 2**

Geef antwoord met een hele zin.

Denk aan je eerste adres in Nederland:
1   Wanneer kwam je er wonen?

Ik kwam er wonen in het vorige jaar, op januari.

2 Woon je er nu nog steeds? *Nee, daar woon ik niet meer.*
3 Hoelang heb je er gewoond? (Of: Hoelang woon je er al?) *Ik heb er 6 maanden gewoond*
4 Met wie woonde (of: woon) je er? *Ik woonde er met 5 nederlandse meisje.*
5 Was je er snel gewend?

⚙ 2 *er* + onbepaald onderwerp

In zinnen met een onbepaald onderwerp gebruik je *er*. In zinnen met een bepaald onderwerp gebruik je geen *er*.

Actieve zinnen

- *Er* woont *een aardige man* naast ons.
- *Die man* woont alleen in dat huis. (geen *er*)

Passieve zinnen

- *Er* wordt *een pakketje* bij ons afgeleverd.
- *Het pakketje* wordt bij ons afgeleverd. (geen *er*)

Let op:
In een **passieve zin** komt *er* ook voor als er geen onderwerp is.
Bijvoorbeeld:
- *Er* wordt bij ons in de les veel gelachen.
- *Er* werd niets gezegd.
Hier wordt niet duidelijk gezegd wie er lachen of wie er niets zeggen.

Let op:
Als er eerst een zinsdeel met een **voorzetsel** (prepositie) komt, en de zin heeft een **onbepaald onderwerp** (subject), is *er* niet verplicht.
Bijvoorbeeld:
- *Er* ligt een boek op de tafel. / Op de tafel ligt een boek.
- *Er* is bij de buren vannacht een baby geboren. / Bij de buren is vannacht een baby geboren.

Let op:
Het onbepaald onderwerp kan ook een **vraagwoord** zijn.
Bijvoorbeeld:
- *Wie* heeft *er* nog vragen?
- *Wat* moet *er* allemaal gebeuren?

Oefening 3

 Vul in: *er* of *het*.

'Pakje van een onbekende' deel 1

1   Ik was vorige week thuis. Toen werd ___er___ gebeld.

2   ___Er / Het___ was een pakje bij de post.

3   Dat was bijzonder, ___er___ komen niet zo vaak meer pakjes bij de post.

4   En wat zat ___er___ in het pakje? ___Er___ zat een boek in.

5   ___Het/Er___ was wel iets raars met ___het___ pakje.

6   ___Er___ stond geen afzender op ___het___ pakje.

7   Wie had ___er___ dan een pakje naar mij gestuurd?

8   ___Er___ moest toch iemand zijn die ___het___ gestuurd had!

9   ___Er___ stond een goed adres op en mijn naam stond ook op ___het___ pakje.

10   ___Het___ adres was op een sticker geprint.

11   ___Het___ was dus ook geen handschrift dat ik kon herkennen.

12   ___Er___ was ook niemand bij mij thuis die ___het___ begreep.

13   ___Het___ boek was misschien een cadeautje, ik was pas jarig geweest.

14   ___Het___ raadsel is tot nu toe nog niet opgelost!

Oefening 4

Schrijf een tekst. Begin elke zin met *er*.

Kijk rond in het lokaal of de kamer waar je nu zit. Beschrijf wat je ziet.
Bijvoorbeeld: Er staan vijf stoelen in de kamer.

Je kunt hierbij de volgende vragen gebruiken:
- Wat staat er in de kamer?
- Wat hangt er aan de muur?
- Wat staat of ligt er op de tafel?
- Wat staat er op de grond?
- Wie zitten er in de kamer?

3 er + hoeveelheid

Hoeveel kinderen heb jij?   ■ Ik heb *er* twee.
Heb je een paperclip voor me?   ■ Ja, ik heb *er* een heleboel.

Let op:
Deze *er* kun je alleen gebruiken als je iets kunt tellen. → *zählen*
Wil je nog een koekje?   ■ Nee, ik heb *er* al twee op.
Wil je nog taart?   ■ Nee, ik heb genoeg gehad.

Oefening 5

Vul in:

De cursisten van onze groep lunchen altijd samen in de kantine.

1 Bijna alle cursisten zitten aan een grote tafel, meestal komen __er wel tien__

    _____. (wel tien / er wel tien)

2 De meesten eten een broodje, sommigen nemen __er wel een paar__

    _____. (wel een paar / er wel een paar)

3 Leila neemt _____ __geen__ _____, want zij eet na de les thuis.
    (geen / er geen)

4 Een paar cursisten nemen soep, maar ik neem __dat nooit__ _____.
    (er geen / dat nooit)

5 Na de lunch nemen sommigen koffie of thee. Ik neem dat ook __nog__ _____.
    (nog / er nog)

6 Anderen gaan nog even roken. Edita rookt een sigaret en Nijole rookt

    _____ __er twee__ _____. (twee / er twee)

Oefening 6

Beantwoord de volgende vragen. Gebruik *er* in je antwoord als dat kan.

1 Heb je broers?
2 Heb je zussen?
3 Heb je familie in Nederland?
4 Heb je veel contact met je familie in je eigen land?
5 Heb je Nederlandse vrienden?

- Het boek zit in de tas, de krant ligt *er*naast. (naast de tas)
- Ik doe de krant *er* ook in. (in de tas)

Let op:

Er + voorzetsel kun je naast elkaar zetten of scheiden.

- De krant ligt *ernaast*. / De krant ligt *er* nog *naast*.

Let op:

Er gebruik je alleen in combinatie met een voorzetsel. *Bijvoorbeeld:*

- Ik eet elke dag snoep. Ik vind *het* heel lekker. Ik ben *er* dol *op*.

Let op:

Deze *er* kan niet aan het begin van de zin staan.

Daar kan wel aan het begin van de zin staan. Want *daar* gebruik je als je meer *nadruk* wilt geven.

Goed: *Daar* ben ik dol *op*. / Ik ben *daar* dol *op*. / Ik ben *er* dol *op*.

Fout: *Er* ben ik dol op.

➡️ **Oefening 7**

 Welke zinnen zijn goed? Per vraag zijn er steeds *twee* antwoorden goed.

1   Kijk je weleens naar voetbal op tv?
   ⓐ   Nee, ik vind het niet leuk.
   b   Nee, ik houd het niet van.
   c   Nee, ik vind er niet leuk.
   ⓓ   Nee, ik houd er niet van.

2   Mijn man houdt wel van voetbal.
   ⓐ   Hij praat er heel vaak over.
   b   Er praat hij heel vaak over.
   ⓒ   Daar praat hij heel vaak over.
   d   Hij praat het heel vaak over.

3   Hij gaat binnenkort naar een wedstrijd van het Nederlands elftal.
   ⓐ   Hij verheugt zich er erg op.
   b   Er verheugt hij zich erg op.

c Hij verheugt zich daar erg op.
d Dat verheugt hij zich erg op.

4 Hij vindt het wel erg als Nederland verliest.
  a Er baalt hij dan wel een paar dagen van.
  b Het baalt hij dan wel een paar dagen van.
  c Hij baalt er dan wel een paar dagen van.
  d Hij vindt het echt vreselijk.

→ **Oefening 8**

Vul in: *er* of *het*.

'Pakje van een onbekende' deel 2

1 _____Het_____ raadsel van _____het_____ pakje was nog steeds niet opgelost.

2 Ik begreep _____er_____ helemaal niets van.

3 Ik vond _____het_____ wel een beetje spannend.

4 Misschien had ik wel een bewonderaar die _____het_____ had opgestuurd.

5 Maar wat wilde hij _____er_____ mee zeggen?

6 _____het_____ boek ging over fotograferen.

7 Ik wist _____er_____ al wel iets van, ik had _____er_____ pas een cursus over gevolgd.

8 Misschien kwam _____het_____ wel van iemand van de cursus.

9 Ik belde mijn leraar _____er_____ over op.

10 Maar hij wist _____het_____ ook niet.

11 Ik kon _____er_____ op de cursus niet meer naar vragen, want die was afgelopen.

12 Ik kon _____er_____ verder dus alleen nog maar naar raden!

→ **Oefening 9**

Maak de tweede zin af. Gebruik *er* in de tweede zin.

Bijvoorbeeld:
De krant ligt op de tafel. Mijn bril ligt *erop.*

1 De tafel staat tegen de muur. De stoel _____staat erop_____

2 Mijn tas staat in de gang. Mijn boeken _____ligt erin_____

3   Zie je de boom in onze tuin? De kat van de buren _zit erop_

4   Ze heeft een grote foto aan de muur. Al haar kleinkinderen _zijn erop_

5   De lift gaat naar boven. De cursisten _staan erin._

6   De vaas staat in de kast. Jouw bloemen _staan erin._

7   Het nieuws begint om acht uur. De reclame _____

8   De bus rijdt over de brug. De auto _____

5   *er* + bijzin

We gebruiken *er* in de hoofdzin als er een **bijzin** of een zin met *om te ...* volgt:
   a   bij een **werkwoord** met een **vast voorzetsel**;
   b   als de bijzin het **onderwerp** is.

Er verwijst dan naar de **bijzin**, of naar de zin met *om te ...*

   Denk aan je sleutels!
   Denk *eraan dat je je sleutels niet vergeet.*

   Ik verheug me op de vakantie.
   Ik verheug me *erop om op vakantie te gaan.*

   Het nieuws over de ontslagen staat in de krant.
   Er staat in de krant *dat er veel ontslagen zullen zijn.*
   Er wordt gezegd *dat er veel ontslagen zullen zijn.*

Let op:
Als de bijzin het onderwerp is, kun je *er* weglaten als de zin begint met een voorzetsel: *In de krant staat* dat er veel ontslagen zullen zijn.

→ Oefening 10

 Vul *er* in, als het nodig is.

1   Ik verbaas me _____ vaak over de digitale vaardigheden van jongeren.

2   Ik verbaas me ___*er*___ dan over dat ze overal een oplossing voor weten.

3   Ik kijk _____ soms naar, als mijn zoon van zeventien een nieuw apparaat in handen heeft.

4 Hij kijkt _____ nooit in een gebruiksaanwijzing.

5 Toch heeft hij _____ geen moeite mee om zo'n apparaat goed te gebruiken.

6 Ik vergelijk dat dan _____ met mijn eigen onhandigheid soms.

7 Maar jongeren zijn _____ ook mee opgegroeid dat ze met digitale apparaten leven.

8 Je ziet vaak al baby's die _____ meer geïnteresseerd zijn in een mobieltje dan in hun eigen speelgoed.

9 _____ wordt gezegd dat de nieuwe generatie deze vaardigheden automatisch leert.

Oefening 11

Maak de zinnen af.

1 Ik ben blij met _____

_____

2 Ik ben er blij mee _____

_____

3 Ik maak me zorgen over _____

_____

4 Ik maak me er zorgen over _____

_____

5 Ik verheug me op _____

_____

6 Ik verheug me erop _____

_____

7 Ik ben bang voor _____

_____

8 Ik ben er bang voor _____

_____

9 _____

dat hij steeds te laat komt.

10 _____

_____ over zijn slechte gedrag.

11 _____

_____ om op vakantie te gaan.

12 _____

_____ , dat ik al snel examen moet doen.

13 Er wordt gezegd _____

_____

14 Er werd verteld _____

_____

Overzicht van de vijf soorten *er*:

1 Ik ga naar Kreta op vakantie. Ik ben *er* nog nooit geweest.
er = **plaats: daar**

2 Kreta is een Grieks eiland. *Er* zijn heel veel Griekse eilanden.
er + **onbepaald onderwerp**

3 In totaal zijn het *er* wel 3000.
er + **hoeveelheid**

4 Griekenland heeft een heel oude cultuur. Ik heb *er* veel over gelezen.
er + **voorzetsel**

5 *Er* wordt gezegd dat die cultuur al 5000 jaar oud is.
er + **een bijzin**

Oefening 12

Welke soort *er*? Vul in: 1, 2, 3, 4 of 5.

1 ☐ 2   *Er* zijn dus heel veel Griekse eilanden.

2 ☐ 3   Maar niet op alle eilanden wonen mensen: 140 zijn *er* bewoond.

3 ☐ 1   Kreta is het grootste. Wij gaan *er* 2 weken op vakantie.

4 ☐   We hebben *er* een appartement gehuurd.

5 ☐ 5   *Er* ligt een mooi strand vlak bij ons appartement.

6 ☐ We zullen *er* zeker elke dag even komen.

7 ☐ Omdat Kreta in Zuid-Europa ligt, is het *er* bijna altijd mooi weer.

8 ☐ Maar *er* zijn ook veel mooie dingen te zien.

9 ☐ En je kunt *er* mooie wandelingen maken.

10 ☐ *Er* is een wandeling van 18 km door een kloof: de Samariakloof.

11 ☐☐ *Er* staat wel in de reisgids dat je *er* een goede conditie voor moet hebben.

12 ☐ En de dag *er*na zul je wel spierpijn hebben.

13 ☐☐ *Er* zijn ook veel restaurants op Kreta, in elk stadje vind je *er* wel een paar.

14 ☐ Je kunt *er* dan eerst in de keuken kijken.

15 ☐ *Er* wordt gezegd dat Grieken heel gastvrij zijn.

→ **Oefening 13**

🖱 **Vul *er* in waar dat nodig is.**

'Pakje van een onbekende' deel 3

1 Ik   dacht   nog   weleens   *er* over   dat

   ik   nog   niet   wist   van   wie   het pakje

   _____   was   gekomen.

2 Maar   gisteren   is   eindelijk   duidelijkheid

   over   gekomen.

3 Ik   zat   op   de bank,   was   verder

   niemand   thuis.

4 Toen   ging   de telefoon,   mijn vriendin   zei: '

   ligt   hier   nog   een kaart   voor je.

5 Ik   had   hem   geschreven   toen   ik   je

   _____   het pakje   voor je verjaardag opstuurde.   Ik   had

   _____   de kaart   bij   willen doen.

6 Maar   ik   ben   het   vergeten.

7 Ik   had   me   al   over   verbaasd   dat

____ je   niet   reageerde   op   het pakje.'

8 Ik   heb   hem   na   een week   weer ____

gevonden   en   pas   later weer   aan gedacht

om je te bellen.

9 Ik   begon   te lachen: '   Je   had   ook

geen afzender   op   geschreven.

10 Ik   ben   wel   blij   dat   eindelijk ____

duidelijkheid   is   over het pakje.

11 Maar   jammer   dat   toch   geen stille bewonderaar

van me   rondloopt.'

12 Mijn vriendin   zei: '   Misschien   is   hij   wel,

____ maar   stuurt   hij   je   geen pakjes!'

✎ **Oefening 14**

Schrijf een tekst.

Stel je voor: je wint tien miljoen. Je kunt je eigen huis laten bouwen. Hoe ziet je ideale huis eruit?

Bijlage – Grammaticale termen

In deze methode worden de volgende grammaticale termen gebruikt. Je moet ze goed kunnen begrijpen. De internationale termen zie je naast de Nederlandse term staan. De vetgedrukte term gebruiken we in de methode.

Zinsdelen

persoonsvorm ▪ finiete verbum
> Het eerste werkwoord in de zin. Het werkwoord dat bij het onderwerp hoort.
> Het boek *ligt* op de tafel. / *Heb* je het huiswerk gemaakt?

onderwerp ▪ subject
> De persoon die of het ding dat zelf iets doet.
> *Het boek* ligt op de tafel. / Morgen komt *hij* wat later.

lijdend voorwerp ▪ direct object
> De persoon met wie of het ding waarmee iets gebeurt.
> Zie je *mijn boek*? / Heb je *het huiswerk* gemaakt?

Soorten zinnen en woordvolgorde

hoofdzin
> Een zin die als aparte zin kan voorkomen. De persoonsvorm staat op de tweede plaats.
> *Ik ga naar huis, want ik moet nog boodschappen doen.*

bijzin
> Een zin die bij een hoofdzin hoort. De persoonsvorm staat achteraan in de zin.
> Ik ga naar huis, *omdat ik nog boodschappen moet doen.*

inversie
> Het onderwerp in de hoofdzin staat niet voor maar achter de persoonsvorm.
> Nu *moeten we* naar huis. Straks *ga ik* nog boodschappen doen.

Soorten woorden

lidwoord ▪ artikel
> Woord dat bij een substantief hoort.
> *de, het, een*   *de* tas, *het* boek, *een* pen

zelfstandig naamwoord ▪ **substantief**
> Woord voor een persoon of ding.
> *boek, huiswerk, gezelligheid, geluk, rekening*

bijvoeglijk naamwoord ▪ **adjectief**

Woord dat meer informatie geeft over een persoon of ding.

mooi (een *mooi* boek), *duur, rood, gezellig, gelukkig*

verkleinwoord ▪ diminutief

Vorm van het woord dat iets klein maakt.

boekje, huisje

bijwoord ▪ adverbium

Woord dat aangeeft hoe iets gebeurt.

Hij werkt *snel*. Ze komt *meestal* te laat.

voorzetsel ▪ prepositie

Woord dat een plaats of tijd aangeeft bij een substantief.

in, onder, met, sinds, tegen

op de tafel, *met* een pen

voegwoord ▪ conjunctie

Woord om twee hoofdzinnen of een hoofdzin en bijzin te verbinden.

maar, omdat, voordat, hoewel

persoonlijk voornaamwoord ▪ personaal pronomen

Woord om een persoon te noemen.

ik, hij, haar, jou, ze, jullie

bezittelijk voornaamwoord ▪ possessief pronomen

Woord om aan te geven van wie iets is, een bezit van iemand.

mijn, haar, jouw, ons, jullie

aanwijzend voornaamwoord ▪ demonstratief pronomen

Woord om naar iets te wijzen.

deze, die, dit, dat, zo'n, zulke

Werkwoordsvormen

werkwoord ▪ verbum

Een woord voor een actie, een doe-woord. Dus alle vormen!

lopen, vertellen, beginnen, loopt, begin, liep, begon, gelopen

hele werkwoord ▪ **infinitief**

Het werkwoord in het meervoud en in de tegenwoordige tijd.

lopen, vertellen, beginnen

gebiedende wijs ▪ **imperatief**

Een werkwoord dat zegt wat je moet doen. Een bevel.

Begin nu! *Werk* door! *Vertel* het maar!

voltooid deelwoord ■ participium perfectum
De vorm van het werkwoord die we in het perfectum en plusquamperfectum gebruiken.
gewerkt, verteld, gelopen, begonnen

Werkwoorden: tijden

o.t.t. = onvoltooid tegenwoordige tijd ■ **presens**
Een tijd van het werkwoord voor nu (of toekomst).
loop, loopt, lopen, vertel, vertelt, vertellen, begin, begint, beginnen
o.v.t. = onvoltooid verleden tijd ■ **imperfectum**
Een tijd van het werkwoord voor het verleden (= vroeger).
liep, liepen, vertelde, vertelden, begon, begonnen
v.t.t. = voltooid tegenwoordige tijd ■ **perfectum**
Een tijd van het werkwoord voor de afgelopen (= voltooide) tijd (= vroeger).
heb gelopen, heeft verteld, is begonnen, zijn begonnen
v.v.t. = voltooid verleden tijd ■ **plusquamperfectum**
Een tijd van het werkwoord voor vroeger dan vroeger.
had gelopen, was begonnen, waren begonnen, hadden verteld

Bijzondere soorten werkwoorden en werkwoordsvormen

lijdende vorm ■ **passieve vorm**
Zo geef je aan dat er iets met iemand gebeurt. Het onderwerp doet het niet zelf. Het onderwerp is niet actief.
Hij *wordt* morgen *geopereerd.* / Ik *ben* gisteren *ontslagen.*
scheidbaar werkwoord ■ separabel verbum
Een werkwoord dat in twee delen in de zin kan staan.
Hij *trekt* de jas *aan.* / Hij heeft de jas *aangetrokken.*
wederkerend werkwoord ■ reflexief verbum
Een werkwoord met 'zich' in de infinitief.
zich schamen / Ik *schaam me* voor die fout.

Vormen van de zinsdelen of woorden

enkelvoud ■ singularis
Een substantief of werkwoord voor één persoon of ding.
Ik eet een appel. / *Zij werkte* daar.

meervoud ■ pluralis

 Een substantief of werkwoord voor twee of meer personen of dingen.

 Wij eten appels. / *Jullie hebben* hard gewerkt.

bepaald (bijvoorbeeld een bepaald lidwoord) ■ definiet

 We weten waar het over gaat.

 de, het

onbepaald (bijvoorbeeld een onbepaald lidwoord) ■ indefiniet

 We weten niet waar het over gaat.

 een

vergrotende trap ■ comparatief

 De vorm van een adjectief dat iets groter of meer maakt.

 warmer, ouder, mooier, duurder, groter, meer

overtreffende trap ■ superlatief

 De vorm van een adjectief dat iets het grootste of meeste maakt.

 warmst, oudst, mooist, duurst, grootst, meest